福建教育学院资助出版

"福建省'十三五'中小学名师名校长培养工程丛书"编委会
（福建教育学院培养基地）

丛书主编：郭春芳
副 主 编：赵崇铁　朱　敏
编 委 会：（按姓氏笔画排序）
　　　　　于文安　杨文新　范光基　林　藩　曾广林

名校长卷

主　　编：于文安
副 主 编：简占东
编　　委：陈　曦　林文瑞　林　宇

名 师 卷

主　　编：林　藩
副 主 编：范光基
编　　委：陈秀鸿　唐　熙　丛　敏　柳碧莲

福建省"十三五"名师丛书

生·长:
我的思想政治教育教学主张

郑志生　◎著

厦门大学出版社
XIAMEN UNIVERSITY PRESS
国家一级出版社
全国百佳图书出版单位

图书在版编目(CIP)数据

生·长:我的思想政治教育教学主张/郑志生著.—厦门:厦门大学出版社,
2021.9
(福建省"十三五"名师丛书/郭春芳主编)
ISBN 978-7-5615-8377-7

Ⅰ.①生… Ⅱ.①郑… Ⅲ.①政治课—教学研究—中学 Ⅳ.①G633.202

中国版本图书馆 CIP 数据核字(2021)第 167199 号

| 出 版 人 | 郑文礼 |
| 责任编辑 | 郑 丹 |

出版发行 厦门大学出版社
社　　址　厦门市软件园二期望海路39号
邮政编码　361008
总　　机　0592-2181111　0592-2181406(传真)
营销中心　0592-2184458　0592-2181365
网　　址　http://www.xmupress.com
邮　　箱　xmup@xmupress.com
印　　刷　厦门集大印刷有限公司

开本　720 mm×1 020 mm　1/16
印张　11.25
插页　2
字数　200 千字
版次　2021 年 9 月第 1 版
印次　2021 年 9 月第 1 次印刷
定价　58.00 元

本书如有印装质量问题请直接寄承印厂调换

厦门大学出版社
微信二维码

厦门大学出版社
微博二维码

◎ 总　序

"百年大计,教育为本;教育大计,教师为本。"教师队伍建设是教育质量提升的关键。2018年,中共中央、国务院印发《关于全面深化新时代教师队伍建设改革的意见》,吹响了新时代教师队伍建设改革的集结号,提出教师队伍建设改革的目标是"到2035年,教师综合素质、专业化水平和创新能力大幅提升,培养造就数以百万计的骨干教师、数以十万计的卓越教师、数以万计的教育家型教师"。福建省委、省政府牢记习近平总书记"福建没有理由不把教育办好"的殷切嘱托,以高度责任感、使命感,坚持教育优先发展,始终将建设一支师德高尚、业务精湛、结构合理、充满活力的高素质专业化教师队伍作为基础工作,出台了一系列政策措施,激发广大教师投身教育综合改革的积极性、主动性、创造性。福建省教育厅为打造基础教育高层次领军人才队伍,实施"强师工程"核心项目——中小学名师名校长培养工程,旨在培养一批在省内外享有盛誉的名师名校长,促进我省教育高质量发展。

"十三五"期间,福建教育事业紧紧围绕"新时代新福建"发展战略,坚定不移走以提升质量为核心的内涵发展之路,着力推动规模、质量和效益的协调发展,努力让教育改革发展成果更多地惠及民生,让人民群众有更多的获得感。2017年,省教育厅会同财政厅启动实施了"十三五"中小学名师名校长培养工程,在全省遴选培养100名名校(园)长、培训1000名名校(园)长后备人选、100名教学名师和1000名学科教学带头人。通过全方位、多元化的综合培养,造就一批师德境界高远、政治立场坚定、理论素养深厚、教学能力突出(治校能力突出)、教学风格鲜明(办学业绩卓越)、教育视野宽阔、富有开拓创新精神、在省内外有较大影响力的名师名校长,为培育闽派教育家型校长和闽派名师奠定基础,带动和引领全省中小学教师队伍建设,为推进我省基础教育优质均衡发展、办好人民满意教育,为"再上新台阶、建设新福建"提供有力的人才保障。

为扎实推进福建省"十三五"中小学名师名校长培养工程,保障实现预期培养目标,福建教育学院作为本次名师名校长培养工程的主要承担单位,自接到任务起,就精心研制培养方案,系统建构培训课程,择优组建导师团队,不断创新培养方式,努力做好服务管理,积极探索符合名师名校长成长规律的培养路径,确保名师名校长培养培训任务高质量完成,助力全省名师名校长健康成长,努力将培养工程打造成全省乃至全国基础教育高端人才培养示范性项目。

在培养过程中,我们从国家战略需求、学校发展需求和教师岗位需求出发,积极探索实践以"五个突出"为培养导向,以"四双""五化"为培养模式的基础教育高端人才培养路径。其中"五个突出":一是突出培养总目标。准确把握目标定位,所有培养工作紧紧围绕打造教育家型名师名校长而努力。二是突出培养主题任务。2017年重点搞好"基础性研修",2018年重点突出"实践性研修",2019年重点突出"个性化研修",2020年重点抓好"辐射性研修"。三是突出凝练教学主张(办学思想)。引导培养对象对自身教学实践经验(办学治校实践)进行总结、提炼、升华,用先进科学理论加以审视、反思、解析,逐步凝练形成富含思想和实践价值、具有鲜明个性的教学主张(办学思想)。四是突出培养人选的影响力与显示度。组织参加高端学术活动,参与送培送教、定点帮扶服务活动,扩大名师名校长影响。五是突出研究成果生成。坚持研训一体,力促培养人选出好成果,出高水平的成果。

"四双":一是双基地培养。以福建教育学院为主基地,联合省外高校、知名教师研修机构开展联合培养、高端研修、观摩学习。二是双导师指导。按照理论联系实际原则,为每位培养人选配备学术和实践双导师。三是双渠道交流。参加省内外及境外高端学术交流活动,积极承办高水平的教学研讨活动,了解教育前沿情况,追踪改革发展趋势。四是双岗位示范。培养人选立足本校教学岗位,同时到培训实践基地见学实践、参加送培(教)活动。

"五化"：一是体系化培养。形成"需求分析—目标确定—方案设计—组织实施—效果评估"的培养链路，提高培养专业化、精细化、科学化水平。二是高端化培养。重视搭建高端研修平台，采取组织培养人选到全国名校跟岗学习、参加国内高层次学术会议和高峰论坛、承担省级师训干训教学任务等形式，引领推动名师名校长快速成长。三是主题化培养。每次集中研修，都做到主题鲜明、内容聚焦，坚持问题导向和结果导向，努力提升培养的针对性和实效性。四是课题化培养。组织培养对象人人开展高级别课题研究，以提升理性思维、学术素养和科研水平，实现从知识传授型向研究型、从经验型向专家型的转变。五是个性化培养。坚持把凝练教学主张（办学思想）作为个性化培养的核心抓手，引导培养人选提炼形成系统的、深刻的、清晰的教育教学"个人理论"。

　　通过三年来的艰苦努力，名师名校长培养工作取得了显著成效，积累了丰硕成果，达到了预期目标。名校长培养人选队伍立志有为、立德高远的教育胸襟进一步树立，办学理念、政策水平和管理能力进一步提升，立功存范、立论树典的实践引领能力进一步提高，努力实现名在信念坚定、名在思想引领、名在实践创新、名在社会担当。名师培养人选坚持德育为先、育人第一的教育思想进一步树立，教书育人责任感、使命感和团队精神进一步强化，教育理论素养进一步提升，先进教育理念进一步彰显，教育教学实践和创新能力进一步增强，独特教学风格和教学主张逐步形成，教育科研和教学实践均取得了丰硕成果。一是专项研究深。围绕教学主张或教学模式出版了38部专著。二是成果级别高。84位名校长人选主持课题130项，其中国家级6项；发表CN论文239篇，其中核心16篇；53位名师培养人选主持省厅级及以上课题108项，其中国家级7项；发表CN论文261篇，其中核心81篇。三是奖项层次高。3位获2018年教育部基础教育国家级教学成果奖二等奖；15人获得2017年、2018年福建省基础教育教学成果奖，其中特等奖3位、一等奖7位、二等奖5位；1位评上国家级"万人计划"教学名师；34位培养人选评上正高级职称教师；13位获"特级教师"称号；2位获"福建省优秀教师"称号。四是辐射引领广。开设市级及以上公开课、示范课203节；开设市级及以上专题讲座696场；参加长汀帮扶等"送培下乡"活动239场次；指导培养青年骨干教师442人。

　　教育是心灵的沟通，灵魂的交融，思想的碰撞，人格的对话，名师名校长应该成为教育的思想者。在我省名师名校长培养对象即将完成培养期时,福建教育学院培养基地组织他们把自己的教学(办学)思想以著作的形式呈现给大家,并资助出版了"福建省'十三五'名校长丛书""福建省'十三五'名师丛书",目的就是要引领我省中小学教师进一步探究教育教学本质,引领我省中小学校长进一步探究办学治校的规律,使名师名校长培养对象成为新时代引领我省教师奋进的航标,成为办人民满意教育的先行者。结束,是下一阶段旅程的开始,希望我省名师名校长培养对象不忘立德树人初心,牢记为党育人、为国育才使命,积极投身新时代新福建建设,为福建教育高质量发展再建新功。是为序。

福建教育学院党委书记、教授、博士

郭春芳

2020 年 8 月

◎ 序一

潘世平

全面贯彻党的教育方针,落实立德树人根本任务,发展素质教育,是当今我国基础教育的指导思想和目标追求。思想政治课是落实立德树人根本任务的关键课程,发挥着不可替代的作用。面临新形势、新任务、新挑战,特别是面对中学思想政治课教育教学在一定程度上存在的认识不够到位、教学效果不够理想、教材内容不够鲜活、评价与支持体系不够健全、思想政治课一体化建设不够完善、思政课程与课程思政不够匹配、思政课建设的氛围不够浓厚等问题,学校教育如何科学有效地将立德树人融入思想道德教育、文化知识教育、社会实践教育各个环节,思想政治课如何放眼世界百年未有之大变局、党和国家事业发展之全局发挥特殊功能,亟待有切合实际、真知灼见的理论研究和实践探索。郑志生同志从集美师专毕业,参加中期选拔到福建师大完成本科学习,毕业参加工作后又克服重重困难,坚韧不拔,坚持学习与工作,教学与科研两不误,不仅修完了硕士、博士的学历学位,还评上了正高级教师。他在总结自己从事中学思想政治课教学工作近三十年的理论研学和实践探究之基础上,比较系统地提出了其关于中学思想政治课教育教学必须遵循"生·长"规律、落实"生·长"要义的教学主张,对丰富中学思想政治课的理论研究视角、拓展中学思想政治课的实践探索领域,具有十分积极的现实意义和借鉴价值。

教育规律告诉我们,提高教育教学质量,最终要走内涵发展的路子,而

潘世平,集美师范专科学校原党委书记,集美大学原党委常委、师范学院原党委书记,厦门教育学院原党委书记兼常务副院长,厦门城市职业学院原党委书记兼常务副校长,福建省陶行知教育思想研究会副会长、厦门市陶行知教育思想研究会会长。

课程、教学、教师、学生是内涵发展的四个要素。郑志生同志在书中将四要素融合在一起，从"生"（即生长、生活、生命）和"长"（即成长、长程）两个维度，分别探讨了"生·长"之源、之思、之育、之路、之技、之师中的理论与实践问题，重点对"生·长"教学主张的研究现状、本质内涵、教学策略、教学相长等课题进行了深入的研究，提出了整体把握思想政治课与德育的关系，明确和坚持思想政治课是落实立德树人根本任务关键课程的"生·长"课程观；思想政治课要为学生的成长提供"营养"，"要给学生心灵埋下真善美的种子，引导学生扣好人生第一粒扣子"的"生·长"育人观；思想政治课要立足于学生成长的需要，教学要明确"生长点"，做到循序渐进、关注社会、联系实际、学以致用的"生·长"教学观；思想政治课教师要着力提升自己的理论水平和育人能力，在学习、研究中与学生同成长的"生·长"教师观；以及使学生成为学习主体的"小先生"自主学习模式、"知情意行"有机转化的生活化教学方法、以问题为导向的主题研究学习方式等"生·长"教学主张的实践策略。这些观点有的继承了传统的德育理论，有的融入了当今思想政治教育的研究成果，但基本都是他在长期教育教学实践基础上总结提炼出来的对思想政治教育的新理解、新观点，特别是他的"生·长"教学主张体现了思想政治学科的特点，赋"生""长"以新解，予教学以良策，融师生以共生，使整本书展现出理论与实践相结合、扎根"田野"与提炼升华相辅相成、继承传统与探索未知相促进的风格，符合新时代思想政治课教学改革与发展的方向，也凸显了作者的独到思考，这些成果的取得与他对思想政治教育工作的热爱、敏锐、勤耕和求索密切关联。

　　思想政治教育的对象是人，思想政治教育的工作是庞大而复杂的系统工程，涉及学校、家庭和社会的方方面面，关系到培养什么人、怎样培养人、为谁培养人这个根本问题，因此，党的十八大以来，以习近平同志为核心的党中央高度重视思想政治课建设，作出了一系列重大决策部署。自2001年厦门首批开展国家基础教育课程改革实验以来，在"以学生为主体"的教育理念倡导下，思想政治课的育人价值得到了重新认识和高度关注，基础教育战线大批一线思想政治教育工作者大胆实践、勇于探索，取得了大量可贵的实践经验和研究成果。但由于思想政治教育的时代性、长期性、复杂性、系统性、多元性，对该领域的研究将会因时空的变化而永续。就中学思想政治课而言，如何发挥其在落实立德树人根本任务中不可替代的关键作用，进一步健全立德树人落实机制；如何构建思政课程与课程思政的育人体系，真正形成全员育人、全程育人、全方位育人的良好格局……仍需包括作者在内的广大德育工作者接续努力,为不断增强思想政治课的思想性、理论性、针对性和亲和力作出新的更大的贡献!

是为序。

2021年5月26日

◎ 序二

林　藩

"生·长"就是以学生为中心,通过思政课的教育教学强化学生珍视生命、关注生活、把握人生,促进学生长知识懂礼义、长事理明是非、长思想会报恩、长信仰有情怀,由此建构"生·长"的"理论—实践"体系,从而保障思政课育人目标的实现,这就是郑志生老师"生·长"的教学主张。其主张有以下几个特点:

第一,突出学生至上。教育是教育者根据教育规律与社会要求影响被教育者并使其成为合乎一定社会标准的特定活动。因此,核心是学生,是让学生学"生"的知识、能力、思想、情感,是让学生合目的地成长、健康地成材。这是教学主张的基点。

第二,突出学科特质。思政学科培育的目标是科学思想、理性精神、爱国情怀、服务品行,这就是"生"的指向,"长"的所在,从学科养育出发助力学生全面发展。这是教学主张的落点。

第三,突出目的凝练。"生·长"的关键在"长",是成"长"了的学生。这是从目的本质层面而非手段工具层面凝练的主张,把握了教育必然,展现了教育力量,彰显了教育价值。这是教学主张的质点。

第四,突出主张价值。价值是关系范畴,是客体满足主体需求的一种效益关系。主张若不能应用于教育教学活动,服务学生、唤醒学生、改变学生,主张就无法兑现应有的价值。于是"生·长"教学主张有了价值兑现的

林藩,教育部国培专家、教育部中小学领航工程培养基地项目负责人、福建省"十三五"中小学名师名校长培养工程专家委员会副主任、福建省家庭教育研究会副会长、福建教育学院教授。

四根支柱(课程—育人—教学—教师),有了价值兑现的四大路径(学习—活动—生活—研究)。这是教学主张的效点。

　　读着《生·长》,想着生长,学生需要生长,需要健康健壮的生长。因此学科教育就需要生长的引路人,就需要有更多的探索《生·长》的引路人,正是据于此,郑志生老师不懈地努力,不倦地探索,将"生·长"带给学科、带给学生的同时带给了你我。《生·长》是及时的,告诉了我们,缺乏教育教学主张的课堂是缺乏高质量高品位的课堂,引导我们追求教育教学的主张;《生·长》是急需的,指明了我们探求教育教学主张的思想方法、实现路径,引导我们把握教育教学主张,实现生长的课堂。

　　读着《生·长》,悟着生长,思政课需要生长,需要本质化、思想化、现代化的生长,生长的思政课才可能有"生长"的学生。思政课就是要唤醒学生明天下之理、解天下之困;唤醒学生行人间正道,成社会义人;唤醒学生树科学思想,立家国情怀。郑志生老师在唤醒学生"生·长"成人的同时,更在践行着思政课的生长,令人欢欣、令人鼓舞,于是我感受到不只是读的《生·长》,仿佛是看到了生长的教师、生长的思政课、生长的学生。我们祝福《生·长》。

2020 年 12 月 18 日于金屿

目 录
CONTENTS

第一章 绪 论 ·· 1
  第一节 研究背景与问题 ···························· 1
  第二节 研究方法 ·· 12
  第三节 研究意义 ·· 16
  第四节 本书结构 ·· 17

第二章 "生·长"之源 ································ 19
  第一节 "生长"的研究概况 ························ 19
  第二节 "生长"研究的主要内容 ················ 22
  第三节 "生·长"教育研究的评价 ·············· 33

第三章 "生·长"之思 ································ 36
  第一节 "生·长"的理论基础 ···················· 36
  第二节 "生·长"的教育价值 ···················· 49

第四章 "生·长"之育 ································ 54
  第一节 应用自主学习模式 ························ 55
  第二节 创新活动课教学 ···························· 68
  第三节 推进生活化教学 ···························· 72
  第四节 完善主题研究学习 ························ 80

第五章 "生·长"之路 ································· 85
第一节 融入学校德育实践 ························· 86
第二节 树立学生的安全意识 ······················· 91
第三节 树立学生的法律意识 ······················· 96
第四节 培养学生的学科创新思维 ················· 102
第五节 中小学一体化衔接教育 ···················· 117

第六章 "生·长"之技 ································· 124
第一节 影视助力 ·································· 125
第二节 微课放彩 ·································· 130
第三节 思维导图建功 ······························ 135

第七章 "生·长"之师 ································· 143
第一节 教师与学生同成长 ························· 144
第二节 "生·长"之师必备 ························· 152
第三节 "生·长"之师修炼 ························· 155

参考文献 ·· 161

后 记 ··· 166

第一章

绪　论

第一节　研究背景与问题

笔者的思想政治教育教学主张是"生·长"。这是根据思想政治学科的性质,在经过将近 30 年的思想政治教育教学研究和实践,通过不断学习、理解和掌握教育教学哲学的基本理论,从时代发展对思想政治课教学提出的要求出发,逐渐凝练得来的,是一个模糊到清晰、自发到自觉的认识、发展形成过程。

一、研究背景

（一）新时代对人才的道德品质培养提出了新要求

"一切社会变迁和政治变革的终极原因,不应当到人们的头脑中,到人们对永恒的真理和正义的日益增进的认识中去寻找,而应当到生产方式和交换方式的变更中去寻找。"① 生产力与生产关系的矛盾运动即社会的生产方式,是推动社会发展的根本动力,也是区分历史时代的根本依据。教育是上层建筑的重要内容,教育的发展不可避免地要受到社会生产方式变化的影响。

---

① 恩格斯.反杜林论[M].北京:人民出版社,1972(02):283.

人类社会进入21世纪以来,国内国外的社会经济发生了巨大而深刻的变化,这些变化为教育的发展带来了新的要求。

新一轮科技革命和产业革命叠加经济全球化进程深刻的传播、扩散、冲刷,让世界发展呈现出前所未有的政治、经济、社会、文化生态。随着大规模且急速发展的新一轮科技革命和产业革命的到来,人类社会进入到一个前所未有的创新活跃期,新一轮的科技和产业革命产生了多种重大颠覆性技术,如人工智能、5G通信等新技术不断涌现,新的科学技术转化为生产力的速度加快,产业组织形式和链条呈现出强垄断的特点,这些变化给全球的创新版图及全球经济结构的重构和重塑带来了更加突出的促进作用,并给全世界的发展带来了无限潜力和不确定性;大国博弈使世界格局显现出多极化的特点,国际体系在各种不同制度、体制、机制不断的变化过程中出现了新的面貌,人类文明发展面临的新机遇、新挑战层出不穷,不确定、不稳定因素明显增多。

基于对世界大势的敏锐洞察和深刻分析,以习近平同志为核心的党中央作出了一个重大判断:"当今世界正面临百年未有之大变局。"①党的十一届三中全会后,我国实行了改革开放的政策,我国的政治、经济、文化、教育和科学技术等方方面面有了长足的进步。特别是党的十八大以后,我国社会的各个方面已经发生了深刻的变化,取得了巨大的进步,具体表现在:社会主义市场经济体制不断完善,社会保障体系不断健全,政府宏观调控能力不断提高;科技和教育整体水平不断提升,劳动力素质明显改善,建设学习型社会、创新型国家取得显著成绩;政治体制改革稳步推进,政府管理正在由"管制型"向"服务型"转变,权力逐步在阳光下运行,政府信息逐步公开化、透明化;法治建设在稳步推进,并不断完善。这些变化为中国现阶段转方式、调结构、扩内需奠定了坚实的物质基础,提供了强大的智力支持与制度保障。这一阶段是中国21世纪头20年所处"战略机遇期"的延续和深化,"解决了许多长期想要解决的难题,办成了许多过去想办而没有办成的大事,推动党和国家事业发生历史性变革"②。与此同时,随着国际经济全球化,我国虽是个经济大国,却不是经济强国,国内外存在着一系列的不确定性和挑战,如国内存在着城乡、区域发展不平衡,粗放型经济增长方式没有根本转变,产业结构不够合理,自主创新能力不强,经济社会发展与资

---

① 习近平.顺应时代潮流　实现共同发展[N].人民日报,2018-07-26(001).
② 习近平.习近平谈治国理政(第三卷)[M].北京:外文出版社,2020:07.

源环境的矛盾日益尖锐,解决农业、农村和农民问题相当艰巨,经济发展与社会发展不协调的突出问题;国际上,存在着以所谓"汇率操纵""反倾销"为代表的贸易保护主义盛行,中美贸易摩擦升级,以"美国国际战略东移"为代表的发达国家政策对中国发展的整体钳制,以"南海问题""台湾问题"为代表的领土主权纷争等各种挑战。

国势之强由于人,人才之成出于学。伴随着我国经济的高速增长、科技实力的不断增强,脱贫攻坚、建设小康社会及应对越来越激烈的国际竞争的需要,我国需要培养出更多的符合社会主义事业发展需要的人才,为中华民族伟大复兴提供强大的人才保证和智力支持。面对新的时代,人才资源成为第一资源,同时新时代的新发展需求,也为人才培养提出了更高要求,新时代的人才,不仅需要掌握丰富的知识,更需要利用所掌握的知识为社会创造更多的财富,在前人的基础上作出对社会发展产生影响的创新,成为社会主义事业的建设者和接班人。

教育是国之大计、党之大计。党的十九大从新时代坚持和发展中国特色社会主义的战略高度,作出了优先发展教育事业、加快教育现代化、建设教育强国的重大部署。教育是民族振兴、社会进步的重要基石,是功在当代、利在千秋的德政工程,对提高人民综合素质、促进人的全面发展、增强中华民族的创新创造活力、实现中华民族伟大复兴具有决定性意义。党的十八大以来,我们围绕培养什么人、怎样培养人、为谁培养人这一根本问题,全面加强党对教育工作的领导,坚持立德树人,加强学校的思想政治工作,推进教育改革,加快补齐教育短板,使教育事业的中国特色更加鲜明,教育现代化加速推进,在教育方面使人民群众的获得感明显增强,我国教育的国际影响力加快提升,13亿多中国人民的思想道德素质和科学文化素质得到了全面提升。我国的教育事业要"在党的坚强领导下,全面贯彻党的教育方针,坚持马克思主义指导地位,坚持中国特色社会主义教育发展道路,坚持社会主义办学方向,立足基本国情,遵循教育规律,坚持改革创新,以凝聚人心、完善人格、开发人力、培育人才、造福人民为工作目标,培养德智体美劳全面发展的社会主义建设者和接班人,加快推进教育现代化、建设教育强国、办好人民满意的教育"①。

---

① 习近平.坚持中国特色社会主义教育发展道路　培养德智体美劳全面发展的社会主义建设者和接班人[N].人民日报,2018-09-11(001).

（二）思想政治学科课程新要求

思想政治课是立德树人的关键课程，承担着重要的铸魂育人的使命。国家在新时代的进一步发展需要更多能够助力社会主义事业的建设者和接班人。这些建设者和接班人来自现在的青年学生，在青年学生成长和发展的过程中，我们要帮助和引导他们树立正确的思想政治立场和高尚的道德观念，遵守社会规则，帮助他们打下成为国家需要的人才的思想政治基础。如果现在的广大青少年没有打下正确的政治立场，树立起正确的是非观念和道德准则，未来可能就无法成为社会主义建设事业需要的有用人才。

首先，党和国家对思想政治课的功能定位提出了更高的要求。习近平总书记在讲话中强调，"办好思想政治理论课，最根本的是要全面贯彻党的教育方针，解决好培养什么人、怎样培养人、为谁培养人这个根本问题"，"我们办中国特色社会主义教育，就是要理直气壮开好思政课"[1]。习近平总书记进一步指出："我们党立志于中华民族千秋伟业，必须培养一代又一代拥护中国共产党领导和我国社会主义制度、立志为中国特色社会主义事业奋斗终身的有用人才。在这个根本问题上，必须旗帜鲜明、毫不含糊。""努力培养担当民族复兴大任的时代新人，培养德智体美劳全面发展的社会主义建设者和接班人。"思想政治理论课是落实立德树人根本任务的关键课程。"青少年阶段是人生的'拔节孕穗期'，最需要精心引导和栽培。"习近平总书记殷殷嘱托广大思政课教师，"要给学生的心灵埋下真善美的种子，引导学生扣好人生第一粒扣子"[2]。思想政治课作为学校教育的重要一环和重要教学内容，自然要承担起党和国家对学科教学的期望和要求，这是党和国家在新时代赋予思想政治学科教学的新使命。

其次，党和国家对思想政治课堂教学改革创新提出了具体的要求。立德树人、铸魂育人的主渠道在课堂，因此，办好思想政治课要推动思想政治理论课改革创新，不断增强思政课的思想性、理论性和亲和力、针对性。习近平总书记在学校思想政治理论课教师座谈会上对如何推动思想政治理

---

[1] 习近平.用新时代中国特色社会主义思想铸魂育人　贯彻党的教育方针　落实立德树人根本任务[N].人民日报，2019-03-19(001).

[2] 习近平.用新时代中国特色社会主义思想铸魂育人　贯彻党的教育方针　落实立德树人根本任务[N].人民日报，2019-03-19(001).

论课的改革创新,提出了"八个相统一":坚持政治性和学理性相统一;坚持价值性和知识性相统一;坚持建设性和批判性相统一;坚持理论性和实践性相统一;坚持统一性和多样性相统一;坚持主导性和主体性相统一;坚持灌输性和启发性相统一;坚持显性教育和隐性教育相统一①。"八个相统一",为新时代思想政治理论课高质量教学把准了脉、指明了道,是思想政治理论课改革创新的基本遵循。"八个相统一"中,坚持政治性和学理性相统一,要求思政课的课堂教学要建立在科学逻辑之上;坚持价值性和知识性相统一,要求在引导学生学习知识的同时更注重对学生先进的价值观的培养;坚持建设性和批判性相统一,要求思政课教学不仅要学懂弄通还要具有是非辨别能力;坚持理论性和实践性相统一,要求思政课教学要遵循"理论与实践相结合"的教学原则;坚持统一性和多样性相统一,要求思政课教学要贴近理论,更要贴近学生、贴近具体的生动的生活;坚持主导性和主体性相统一,要求思政课教学既要重视教师的主导作用,更要重视学生的主体地位的突出;坚持灌输性和启发性相统一,要求思政课教学要通过启发性教学实现灌输目的,在灌输的过程中启发学生进一步思考;最终实现显性教育和隐性教育相统一的多维教育手段。这些要求自然也是初中阶段的思想政治课课堂教学改革创新必要的遵循。

再次,《义务教育道德与法治课程标准(2019年版)》(以下简称《课程标准》)提出的既定目标和课程实施的要求。处于青春期的学生,身心发展变化激烈,这个阶段的学生的价值观和道德意识正处于形成发展期,学生思想意识波动大,思维跳跃强,情绪起伏变化激烈,行为容易冲动等,容易因小事而发生过激的行为,容易为不良风气所感染,产生攀比、拜金等不良倾向。我们要加强对这个成长阶段的学生的思想道德教育,强化法治意识,帮助他们树立正确的思想政治意识和价值观念。例如,初中阶段的思想政治课程——"道德与法治"课程标准把"道德与法治"具体定位为"是一门以初中生生活为基础、以促进初中生思想品德健康发展为目的的综合性的必修课程","致力于道德品质和人文精神的习得和养成的课程"②,具有"思想性、人文性、实践性和综合性"四个特点。思想品德课程的基本理念是:"帮

---

① 习近平.用新时代中国特色社会主义思想铸魂育人 贯彻党的教育方针 落实立德树人根本任务[N].人民日报,2019-03-19(001).
② 中华人民共和国教育部.义务教育道德与法治课程标准(2019年版)[M].北京:北京师范大学出版社,2019:1.

助学生过积极健康的生活,做负责任的公民是课程的核心,初中学生逐步扩展的生活是课程的基础,坚持正确价值观念的引导与学生独立思考、积极实践相统一是课程的基本原则"①。在《课程标准》的这些规定中,我们可以清楚地解读出"道德与法治"课从学科教学对象的身心发展的实际出发对学生的发展目标作出了具体的规定,课程的四个特点是符合成长中的初中生的实际的。

"道德与法治"课程标准对课程的内容和实施要求,是培养学生的思想品德要基于学生所处的社会生活,通过学习在实际生活中处理与自身、与他人和集体、与国家和社会的关系,逐渐培养起学生的做人、做事的稳定的思维方式、观念系统和行为习惯,也就是学生道德成长的核心素养。因此,"道德与法治"课的教学是成于内、形于外的知、情、意、行的转化过程,思想品德课教学不仅要使学生掌握理论,而且必须帮助学生把所学的理论知识转化为信念,外化为行动,知行统一,完成培养"有道德的人"的任务,而不是"有道德知识的人"。我们在思想品德课教学中需要把政治理论与学生的思想实际、当前社会实际紧密结合起来,避免空洞的说教,"注重与学生生活经验和社会实践的联系,通过学生自主参与的、丰富多样的活动,扩展知识技能,完善知识结构,提升生活经验,促进正确思想观念和良好道德品质的形成和发展"②。我们让学生亲身经历和真实感受,产生心灵的触动,解开心中的疑惑,实现"知—情—意—行"的转化,达到教育目的。

2001年开始的新课程改革提出的课程理念也给我们的思想政治课堂教学带来了新的理念和指导。新课程提出的"以学生为主体""改变学生的学习方式""删减繁难的课程内容"等理念使我们更加明确了思想政治课教学提升育人价值的研究方向和思路,并在实施新课程的过程中同步开展研究。

最后,思想政治课程教育教学实践改进的客观要求。随着党和国家对教育的高度重视,特别是对学生的思想道德教育的重视的提高,需要我们结合实际,改革和创新课堂教学,有针对性地开展教学,以适应新时代对教育、对人才培养提出的新要求。这就要求广大思想政治课教师树立新的教

---

① 习近平.用新时代中国特色社会主义思想铸魂育人 贯彻党的教育方针 落实立德树人根本任务[N].人民日报,2019-03-19(001).

② 中华人民共和国教育部.义务教育道德与法治课程标准(2019年版)[M].北京:北京师范大学出版社,2019:2.

学理念,关注学生的学习主体地位,教育教学活动要根植于生活,根植于学生道德成长的需要,改变原有的教学手段和教学方式,以培养学生的思想品德核心素养,树立正确的思想政治和道德意识。但在实际教育教学工作中,一方面,由于应试教育观念的存在,很多老师和学生在看待所学的课程时,对思想政治课程的学习认识不到位,认为思想政治课程不如语文、英语、数学、物理、化学等学科重要,在教学与学习的要求上有所降低;另一方面,很多教师没有正确认识思想政治课程育人功能的发挥,对这门课程的研究和探索都还不够深入,很多教师都只是按教材上的内容按部就班地进行讲解,这种趋于表面化的教学没有与现实生活相结合,学生很难从课堂学习中获得发展、提升道德品质和思想意识。

在教学实践中,思想品德课因其教学内容比较抽象、理论性比较强,加上有的教师只重视学生对相关原理和知识的学习,教学上强调灌输,学习指导上简单地以死记硬背为主要手段,缺乏关注学生成长的需求,上课大都采用"口耳相传"的传统教学模式,使课堂常出现"言者谆谆"而"听者藐藐"的局面,思想政治学科教学陷入被动、生硬的状态,教师和学生对课本上的知识认知停留在浅层次,没有同社会事件、国家政策联系起来,随着时间的流逝,学生对这门课程的学习兴趣也就越来越低,学生对这门课的喜爱程度也不甚理想。有一份调查思想品德(政治)课课堂教学现状的数据:"能否积极调动思品知识解释社会或生活中的现象",回答"一贯"的占6.5%,回答"偶尔"和"没有"的占45.5%;"对思想品德兴趣无或小、不喜欢的占25.5%",需要说明的是,这一比例在不同任课教师的教学班存在明显差异,名特优教师任教班级比例明显小于普通班级。"觉得思品课空洞、枯燥、难学好、怕背书的占30%""觉得思品课缺乏活力、老生常谈的占41.0%""觉得在思品课上随大流的选答率占62.5%""想参与但没有机会的占5.5%",这反映出现在的思想政治课教学存在目标单一及功利,教师放松及放任、学生从众及退让,课堂教学的过程性、探究性、情感性目标弱化,学生的合作性、研究性、拓展性学习缺失,教学方式、方法单一,课堂视野狭窄,课堂主体控制与受控倾向、课堂环境封闭倾向,师生关系不和谐,教学互动形式化,自主探究缺乏有效引导,合作学习有形无实,情感教育与知识传授活动开展相脱离,重视课堂预设而忽视课堂生成等问题[①]。这就

---

① 孙敏.构建"品德生长"的生态课堂——教育的本义及初中思想品德教学的追求[J].中学教学参考(文综),2011(03):25.

要求思想政治教师要积极改变教学方法，理论联系实际，激发学生的学习兴趣，使其符合新时期社会发展对思想政治课程的教育、教学要求。

（三）笔者的教学实践和思考

笔者从事思想政治教学和教研工作已经将近30年的时间，在这将近30年中，思想政治课在不同的学段有不同的名称，但变的只是名称，不变的是思想政治课程所承担的育人功能和育人的价值，而且这种功能和价值随着社会的发展变化得到不断的强化和提升。在这个过程中，随着教学实践的不断深入，我对思想政治课的学科性质、学科教学及作为一名思想政治教师的使命认识越来越深，逐渐形成了对思想政治学科育人价值取向的整体认识，这个过程大概经历了以下几个阶段。

第一，关注讲好思想政治课的阶段。这个阶段大概是我刚走上教学工作岗位的前十年，这时的我对思想政治学科的理解和认识不够，仅停留在学科教学的层面，我的教育教学经验不足，加之我面对的初中学生正处于生理、心理发展变化迅速的时期，感性有余，理性不足，学生大多好动，不易集中注意力，思想政治课因为课程内容的理论性比较强，课堂比较容易陷入枯燥沉闷之中，学生做小动作、讲话的课堂违纪现象屡有发生，教学效果不是很好。这个阶段，我更多考虑的是如何站稳讲台，让学生喜欢我这个老师，上好政治课。我所在学校的高中部转制成电子职业中专，有比较好的电化教学条件，因此，我尝试着把影视资源引入思想政治课教学，利用影视所具有的丰富的音响效果和直观、生动的画面吸引学生的注意力，利用影视画面直观、生动的特点帮助学生理解和掌握政治课中枯燥的理论和知识。在这个阶段，我对如何把影视资源引入政治课教学进行了比较深入的探讨。20世纪90年代初，改革开放刚开始不久，在课堂教学中引进先进的电化教学的比较少。因资源也比较有限，很多课堂教学要使用的资源，我必须在电教老师的帮助下，从很多电影、电视和电化录像片中进行剪辑，拼接成课堂能用的教学资源，但这样的一种教学方式，受到了很多专家和老师的重视，我在厦门市上了多节研讨课，收获了广大教师的认可，更重要的是我的政治课受到了学生的欢迎，我也站稳了讲台。

第二，关注做好学科育人的阶段。2001年厦门首批进入了国家基础教育课程改革的行列，新课程实施给我们带来了新的教学理念，"以学生为主体"的理念深入人心，思想政治课程育人的价值得到了进一步的重视。这时的我已经从一名年轻教师成长为学校的教学骨干、学科带头人，并走向了行政管理岗位,我一直坚持在教学一线,参与课程改革。在新课程背景下,我逐渐树立了"以学生为主体"的教学理念,并不断在课堂教学中开展教学实验。这个阶段我不再只是关注如何上好课,而是更关注思想政治课教学如何更好地实现学生思想的成长。我对新课程改革的学生学习方式做了探讨,开展"初中思想品德课'小先生'自主学习"的课题研究,进一步思考如何在思想品德课上开展活动课教学,引导学生进行探究学习;我关注如何培养学生的法律学习思维方式,进一步树立学生的法律意识;关注发挥思想品德课教学的优势,发挥在中小学衔接工作中的作用;注重课堂教学联系生活、联系实际,开展实践性教学,让枯燥的理论在课堂教学中能生动起来,进一步提升思想品德课的育人价值。在实践探索的基础上,我面向全市政治课教师开了一系列的研讨课、公开课,获得了大家的认可,在此基础上,我也进行了梳理和总结,撰写了多篇教学论文,发表在各级 CN 刊物上。

第三,关注师生生命共同成长的阶段。党的十八大以后,党和国家对教育提出了新的要求,提出了立德树人的教育目标,思想政治课是落实立德树人的关键课程,党和国家赋予了思想政治课新的使命,思想政治课教学更关注学生的核心素养的培养,为学生的终身成长奠定基础。这个背景下,党和国家对思政教师队伍的建设和思想政治课教学改革提出了新的目标和任务,课程改革逐步走向深化和综合,思想政治课程的育人目标更明确,学生学习的主要内容也更突显。这个阶段,我也由教学一线转向了学科教研工作,并承担了学校的管理工作,我思考问题的角度和看待学科教学的角度有了进一步的提升,虽然我不在教学一线,但我把自己在学科教学研究中的认识和成果,通过开设面向全市政治老师的研讨课、公开课,开展"利用微课提升思想品德教学效率的实践研究"的课题研究,开展主题研究学习提升学生核心素养及用思维导图提升初中思想品德课复习效率的研究,等等,形成了系列成果。我所在的区域开展了"新基础教育"项目实践的研究,"新基础教育"强调"学生立场",从学校管理、学科教学和学生工作三个领域实现学校的整体转型,"新基础教育"的"学生立场"的理念让我学会了在思想政治课教学中以综合融通和相互渗透的思维方式来思考和探索学科教学,我认识到"以学生为主体"的理念片面强调了学生,忽略了在课堂教学中实现师生生命的共同成长,开展学科教学工作时,不仅要基于学生的立场思考问题,开展课程教学,还要遵循思想政治课教学的理论联系实际的基本原则,紧紧地立足于学生身边的生活开展教学,并在教学过程中实现师生共同成长。在这个阶段,我被确定为福建省"十三五"思想政治学科教学名师培养对象,有幸成了福建教育学院林藩教授和黄丽萍教授的带教学生,在两位老师的指导下,我对从教以来的教学思考进行了梳理,逐渐凝练出自己的教学主张。与此同时,我被福建省教育厅和福建省普通教育教学教研室选派到新疆昌吉州、甘肃临夏市、临夏县、福建屏南县开展送教讲学活动,把我的教学主张向其他地市的老师进行交流、推广,受到了老师们的好评。

二、研究的问题

本书以笔者从事思想政治课教学实践和教学研究为基础,对如何提升思想政治课育人价值,促进师生生命共同成长,进行持续的实践和探索,并总结凝练,形成了思想政治教育教学主张——"生·长"。

本书围绕"生·长"这一教学主张,论述了"生·长"教学主张提出的背景,"生·长"教学主张的理论依据,阐述了我对"生·长"教学主张的理解,论述了其理论内涵及蕴含的教师观、学生观和教学观,以及"生·长"教学主张的教学实践策略,并在此基础上探讨了教师走向"生·长"需要培养的素养及如何修炼等。这其中既有中观的思想政治课教学理论问题,又具有微观的课堂教学具体实践。研究立足于思想政治课教学的系列实践及在实践基础上的思考和总结。具体来说,主要研究阐述了以下几个基本问题:

(1)"生·长"教学主张的研究现状及其启发。通过文献研究了解和掌握相关的教育理论依据和相关的研究进展,为我的教学主张寻找理论支点。

(2)什么是"生·长"?通过"生·长"教学主张的内涵及其基本理论认识,对我所提出的教学主张进行理论分析,分析其蕴含的内涵及其学生观、教师观和教学观等,明晰"生·长"教学主张提出的目标指向。

(3)"生·长"教学主张在课堂教学中实施的策略。包含"生·长"之路和"生·长"之技,探讨通过怎样的教学策略和教学手段,以更好地提升学科育人价值,实现"生·长"的目标。

(4)"生·长"教学主张倡导教师与学生共同成长。"生·长"教学主张期待提升教师素养和教师的专业修炼走向等。

三、研究的目标

"生·长"教学主张的提出,让思想政治课教学根据新的形势、教育改革及《课程标准》和新课程实施的要求,从学科教学的要求出发,尊重学生的身心发展规律,从学生的成长需求出发,紧密结合生活实际,从教学方式、教学理念等维度,引导和促进学生思想政治素质和品德品质的发展,"帮助学生过积极健康的生活,做负责任的公民"[①],"打牢思想基础,引导学生把党、祖国、人民装在心中,强化做社会主义建设者和接班人的思想意识"[②],使思想政治课的育人价值更突显。

四、研究的思路

(一)理论联系实际

理论源于实践,实践亦推动着理论发展。本研究始终紧密围绕思想政治课教育教学实际和课程改革的要求,着眼于"帮助学生过积极健康的生活,做负责任的公民",注重在教学实践中对实践经验进行提炼和升华。

(二)宏观与微观研究并重

思想政治教育教学既着眼于思想政治学科的育人价值提升,又立足于新课程提出的学生立场理念落实;既涉及学生课堂自主学习组织方式的改革,又涉及学生学习内容的优化等;不仅要关注课程实施的思想性和人文性,还要关注课程实施的实践性和综合性。因此,本研究既运用马克思主义具体问题具体分析的原理从宏观上研究,也对学生个体身心发展的特点和课堂教学的组织方式等微观问题进行了具体探讨。

---

① 中华人民共和国教育部.义务教育道德与法治课程标准(2019年版)[M].北京:北京师范大学出版社,2019:1.
② 中办国办印发《意见》 深化新时代学校思想政治理论课改革创新[N].人民日报,2018-08-15(001).

第二节　研究方法

一、文献研究法

"文献研究法就是从所研究课题的历史发展,查阅、搜集、整理与该课题有关的文献资料,从中找出有规律的东西为我所用,并在此基础上展开更深层次研究的方法。"①"生·长"教学主张的提出是根植于对前人教育理论的理解、掌握的基础上,是思想政治课教育教学实践和研究的集中表达,集中回答了思想政治课教育教学工作的核心关注点及学科育人价值目标的具体化。笔者通过CNKI、中国国家图书馆、维普等文献查询平台收集、查阅与本研究相关的教育文献,通过图书馆借阅和购买相关的书籍,进行深入的阅读,消化、理解相关的教育理论和实践经验,获取了思想政治教育教学的热点问题,如课堂教学改革、学生探究学习的组织、法律知识教学、生活化教学等研究成果和最新进展。第一,了解与"生·长"教学主张相关的研究情况及存在的问题,以准确定位研究的起点和实践重点;第二,通过对文献的学习,吸收与"生·长"教学主张研究相关的理论、方法和动向,及时调整教学实践和教学研究的思路;第三,通过文献学习、归纳,不断地与已有的理论思考成果进行深入的对话,不断地在研究过程中补充、更新、调整自己的研究认识。

二、行动研究法

本研究采用行动研究法。行动研究是指"由实务工作者将实际的工作情境和研究相结合,以改善实务运作为目的,采取批判、自省、质疑的研究

---

① 杨伟东.基础教育教学课题研究十八问(方法篇)[M].郑州:大象出版社,2017:108.

精神,改进实务,并获得专业的成长和提升"①。在本研究中,笔者是从事思想政治教育教学的"实务工作者",在实际教育教学工作中,根据不同阶段的不同目标,围绕提升思想政治课的学科育人目标开展研究,不同的阶段有不同的研究主题,随着不断进行的循环螺旋行动研究的开展,逐渐形成了思想政治教育教学主张——"生·长"。在这个过程中,笔者实现了自身的专业成长。因此,行动研究取向是实践,是"借由对教室内或学校中教育事实与现象的深度'了解'来促成教育实务的改进"。②

本行动研究的类型是"个人行动研究"。潘慧玲认为:"'个人行动研究'是一种自我反省的探究,是个别教师在教学的情境中为了改进实务工作,并且解释实务所发生的情境的合理性与公平性而产生的一种自我反省探究形式。"③笔者从最初思考和尝试借助影视资源来营造课堂教学情境,化枯燥、干涩的理论说教为让学生对具体情境的理解而实现知识学习和原理的掌握,到关注学科育人价值的挖掘和提升,促进学生思想政治素质和道德品质的提升,符合课程标准提出的育人目标,再到关注师生的成长,在具体的教学场域中不断地改进和提升教学水平,不断提升思想政治课的教学效益,促进学生的成长,同时也促进了笔者自己的专业发展。

本行动研究采用勒温(Lewin)的行动研究螺旋循环模式。勒温提出的教育行动研究螺旋循环包括"计划(planning)、行动(acting)、观察(observing)、反省(reflecting)四个阶段"④,形成一个"研究—行动"回圈,之后又开始一个"研究—行动"的回圈。(如图1-1所示)

研究是围绕如何提升思想政治教育教学的育人价值而展开的,并在此基础上总结凝练出自己的教学主张。在长期的研究过程中,笔者立足于日常的课堂教学,对不断出现的问题进行研究、解决和反思总结,并随着自己对学科教学理解的深入和教育改革发展的需要,不断调整自己的课堂教学认识和教学实践水平,在这个过程中通过研讨课、展示课、讲座和交流研讨

---

① 潘慧玲.教育研究的取径:概念与应用[M].上海:华东师范大学出版社,2005:307.

② 潘慧玲.教育研究的取径:概念与应用[M].上海:华东师范大学出版社,2005:312.

③ 潘慧玲.教育研究的取径:概念与应用[M].上海:华东师范大学出版社,2005:316.

④ 潘慧玲.教育研究的取径:概念与应用[M].上海:华东师范大学出版社,2005:320.

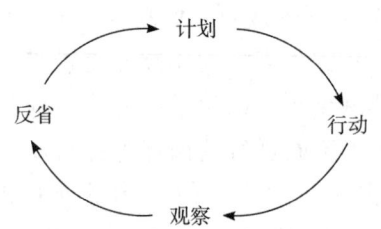

图 1-1　勒温的行动研究螺旋循环模式

等形式不断地对自己的实践进行总结、归纳。这样不同阶段不同问题的"研究—行动",促进了思想政治教育教学育人价值的不断提升,同时也在此基础上丰富和深化了自己对思想政治教育教学的认识和思考,逐渐积累了"生·长"教学主张的理论认识和实践经验。

研究的效度是考查行动研究结果是否可靠、是否真实地反映了研究对象的重要指标,在行动研究中,研究者是作为研究工具而存在的,具有独特性和唯一性,即使是在同一时间、地点针对同一问题对同一群人做的研究,其结果也可能因研究者的不同而不同。为了提高本研究的效度,在研究中笔者采取了以下具体做法:

(一)始终为了提升思想政治学科的育人价值而研究

笔者是本研究的主持人和研究者,在日常的教学实践中研究,在研究和实践中不断学习有关思想政治教育教学理论,并随着实践和研究的深入不断学习相关的文献,不断提升自己的理论水平、认识水平和实践能力,因此,笔者对发挥和提升思想政治课教学育人的价值一直保持着清醒的认识,并结合实践和教学研究的深入,及时反思、调整。"生·长"的教学主张在实践、研究过程中不断地丰富、充实和完善,认识从模糊到逐渐清晰,直至形成系统论述;"生·长"的教学主张是在真实的教育教学情境中开展行动研究并逐渐建构起来的,随着有关教育理论认识的提高,再反思并调整自己的认识和实践策略、教学方式等,从而使研究符合思想政治教育教学的育人目标并顺利开展。

笔者从思想政治教育教学的性质和特点,以及学生成长的需要出发开展研究和实践。在承担并开展研究的设计、研究的组织和实施的时候,笔者的身份是一个研究者。同时,作为区教师进修学校思想政治学科教研员,又是本研究的指导者、督促者和管理者,甚至是研究的调整者,笔者不断对自己的思考和研究情况进行审视。这样,笔者既置身于思想政治教育教学的研究和实践之中,又跳出研究之外,以第三方的眼光来思考和调整自己的研究进程。在研究中,笔者在不同的教育教学研究阶段,不仅亲自进行教育教学实践,不断地思考和研究自己实践中存在的问题,保持开放的、多元的态度,尽量适时调整自己的观察角度和角色定位,使研究过程中遇到的问题能够得到及时的发现和解决,也使研究的发现和诠释能够保持客观公正,能从具体事件中提炼出教育规律,规避自己双重身份对研究的客观性带来的影响。

(二)驻扎在思想政治教育教学实践和研究一线

笔者的第一身份是思想政治课教师,上好思想政治课是本分,从教以来,一直从事与思想政治课教学有关的工作。即使兼任了学校的行政管理工作,担任了校领导,笔者也一直坚守在思想政治课教学的田野上,后来调到教研单位,从事学科的教学研究工作和学校领导工作,也还是坚守在思想政治教育教学工作一线,继续思考和研究提升思想政治学科育人的问题,并经常面向全厦门市举行研讨课、示范课,开展相关的课题研究,在教学实践、研讨交流和课题研究中不断地调整和完善对提升思想政治学科育人价值的认识和追求,教育教学活动实现学科育人价值的最优化。2019年8月,厦门市教育局批准成立了以笔者名字命名的思想政治名师工作室。因长期扎根在实践一线,笔者通过不断观察、反思,调整教学策略和研究,保证研究的有效和优化。

(三)进行"三角检验"

"三角检验",指的是"将同一结论用不同的方法、在不同的情境和时间里,对样本中不同的人进行检验,目的是通过尽可能多的渠道对目前已经建立的结论进行检验,以求获得结论的最大真实度"[1]。

首先,笔者到省内外的其他地区学习、交流,通过听课、研讨、对话等方式与其他老师对提升学科育人价值的实践策略进行了深入的沟通,把其他老师的实践与自己的方式进行了比照,从中发现自己的优势和不足,并吸取他人的长处及时优化和调整自己的策略。其次,笔者参加了福建省"十三五"中学教学名师培养对象的培训,以及福建省学科带头人、厦门市专家型教师等培训,在培训中不断丰富、充实和提高自己的理论认识水平和实

---

[1] 陈向明.质的研究方法与社会科学研究[M].北京:教育科学出版社,2000:403.

践、研究能力，在此基础上及时总结、反思经验，及时调整和完善研究思路和策略。

（四）及时收集和采纳其他研究伙伴的意见建议

福建省"十三五"中学教学名师培养班的学科教学导师林藩和黄丽萍教授给了笔者很多建议和指导，福建省普通教育教学研究室刘文川和林顺华老师、厦门市教科院的潘世峰副院长和思想政治学科王如新老师也经常参与笔者举办的教学研究汇报、教学研讨，给予中肯的建议和指导；这些年，笔者在省内外举行公开教学、学科讲座和送教下乡时也注意听取学科老师的意见和建议，并及时进行改进；在实际的教育教学中注意观察、了解学生对笔者的教学的反应，以及学生认识水平、行为方式的进步情况等，以此来验证笔者思考和研究的结论。

第三节　研究意义

"教学主张是教师在对教育哲学、教学哲学、教学追求、教学理解有一定认识的前提下对课堂教学形成的认识，核心是对教师与学生、教与学之间关系的认识，以及在这种认识影响下对教育、课程、教材和教学形成的理解。"[①]"教师有什么样的教学主张，就会有什么样的教学方法、策略、流程、模式。"[②]"生·长"教学主张是基于笔者在思想政治教育教学工作长期的实践、研究和思考基础上形成的，蕴含着笔者对思想政治教育教学工作的理解、追求，以及为提升思想政治学科育人价值所开展的关于师与生、教与学等方面的实践策略，具有一定的理论价值和实践价值。

一、有助于丰富思想政治课教育教学的理性思考

"理论是实践的先导，思想是行动的指南，但同时理论又来自实践的总

---

① 凌宗伟.教学主张是什么[J].教师教育论坛，2019(02)：83.
② 凌宗伟.教学主张是什么[J].教师教育论坛，2019(02)：83.

结和归纳。"①本研究基于思想政治教育教学的相关教学理念,结合笔者追求更高的学科育人价值而开展的多方实践基础上的思考,凝练出思想政治教育教学工作策略和追求目标的独特表达,进一步丰富和发展思想政治课教学的理论认识,具有一定的理论价值。

二、有助于其他思想政治课教师的教学实践

思想政治课教育教学主张——"生·长",是笔者对思想政治教育教学工作提升学科育人价值的集中思考和论述,教学主张的"生、长"二字虽然简约,但内涵丰富,便于老师们记忆和理解,为老师们开展思想政治教育教学工作打下了较好的理论基础,为其他老师认识和理解思想政治课教学的学科性质和功能定位提供进一步的帮助,帮助老师们树立正确的思想政治教育教学理念,在开展"生·长"教学主张的实践、研究的过程中,相关理论依据的研究、"生·长"教学主张内涵的解读,以及"生·长"之路、"生·长"之育和"生·长"之技等方面的论述,可拓宽促进师生生命成长的思想政治课教育教学的策略、路径及信息技术与学科融合等。这些论述都是笔者在教育教学实践、课题研究中形成的,这些思考和案例基本都是在面向广大省内外思想政治课教师所开设的公开课、研讨课和学术讲座的基础上总结梳理出来的,在实际教学中经过学生学习的验证,具有较强的可操作性和可参考价值。因此,能给老师们的思想政治教育教学工作带来帮助和借鉴,有比较强的实践价值。

第四节 本书结构

本书分七章展开论述。

第一章——绪论。从时代的变化对人才培养提出的要求,以及新时代背景下思想政治教育教学在育人工作上的强化趋势和笔者在自己长期的

---

① 郑志生.区域推进学校特色发展的行动研究[D].长春:东北师范大学,2018(09):14.

实践、研究和思考的基础上阐述了"生·长"教学主张提出的原因,梳理了本书研究的问题,研究的目标、思路和研究方法等,分析了"生·长"教学主张研究和提出的理论和实践价值。

第二章——"生·长"之源。从与"生·长"教学主张研究相关的"生长""生命"等理论出发,对相关的概念、模式和实施路径等进行文献的梳理和回顾;对与"生·长"教学主张相关的思想政治教育教学的研究现状进行分析,寻找"生·长"教学主张研究的理论缝隙和可能的发展空间。

第三章——"生·长"之思。基于教学实践和已积累的研究成果,对"生·长"教学主张的本体理论问题进行系统论述,论述了本教学主张的基本内涵、理论依据,以及所蕴含的学生观、教师观和教学观,分析和提出"生·长"教学主张提出的目标指向。

第四章——"生·长"之育。论述了"小先生"式学生自主学习的组织方式、活动课教学、生活化教学和学生主题化学习等"生·长"教学主张在教师的教学方式和学生学习方式的改变方面的观点和做法,具体阐述了基于学生生长的自主性学习方式、生活性引领、主题性学习和活动性教学的开展等教与学的策略。

第五章——"生·长"之路。把思想政治课教学置于学校德育工作的整体架构下,阐述了体现"生·长"教学主张的学科育人价值提升之道:德育实践、安全意识、法律意识、创新思维的培养以及发挥学科教育教学优势、发挥学科在服务中小学一体化等的思考及实施的具体做法和路径,从学校工作开展的角度,以更宏大的视野来审视和实施思想政治教育教学实践。

第六章——"生·长"之技。结合笔者的实践,论述借助现代教育信息技术手段,如利用影视资源、微课和思维导图等现代信息技术手段开展信息技术与学科融合,以提升学科育人实效的研究。

第七章——"生·长"之师。论述"生·长"教学主张倡导的教师与学生的关系,提出教师与学生同成长的思考,提出了"生·长"之师的素养要求,"生·长"之师的专业修炼走向的思考。

第二章
"生·长"之源

"生·长"教学主张，表述上虽然在生与长之间有间隔号隔开，但并不影响它对"生长"本意的整体表达与追求，加上间隔号，更重要的是提醒和强调"生长"具有更丰富的内涵，我们要突出其核心要素，基于思想政治课的学科特点，对"生"与"长"做更具体的解读。这部分解读，笔者将在第三章进行专门的论述。本章主要从文献分析和解读的角度，对与"生长"相关的研究进行梳理和回顾，重点从其所蕴含的核心内容——"生长"出发，对"生·长"教学主张进行理论溯源，通过对与"生·长"教育相关的文献进行梳理、回顾和评论，了解"生·长"教学主张的学术研究和实践现状，认识相关研究进展、已取得的成果和存在的不足，寻找"生·长"教学主张研究的理论缝隙和实践方向。

第一节 "生长"的研究概况

2020年3月，笔者在中国知网上进行文献检索，先以篇名为"生长"进行检索，结果有 1,392,448 条巨量的文献条目，其中中文文献有 234,971 条结果，外文文献有 1,157,522 条结果，翻阅这些结果可以看出，大部分文献属于生物学和医学文献，这与"生长"一词首先表达的是生物现象相关。

再以篇名为"生长"，并且主题为"教育"进行高级检索，显示检索结果有 5,394 条，其中中文文献有 790 条，外文文献有 4,604 条，在总的 5,394 条文献中，浏览分组的主题为"education（教育）"的有 152 条，所占比例仅为 2.82%，其他文献多为"economic growth（经济增长）""developing countries

(发展中国家)"等。对 5,394 条文献发表进行计量可视化分析,检索结果的总体趋势如图 2-1 所示。

> 数据来源: 文献总数: 5394 篇; 检索条件: ((题名=生长 或者 Title=中英文扩展(生长,中英文对照)) 并且 (主题=教育 或者 题名=教育 或者 v_subject 扩展(教育,中英文对照) 或者 title=中英文扩展(教育,中英文对照)))(模糊匹配),专辑导航: 全部; 数据库: 文献 跨库检索

总体趋势分析

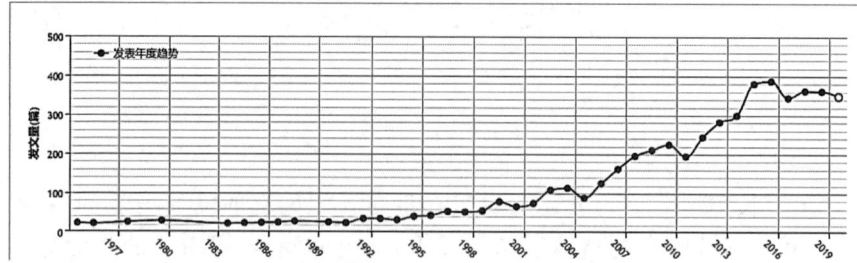

图 2-1 篇名为生长并且主题为教育的文献发表总体趋势图

单独对这 5,394 条搜索目录中的 790 条中文文献发表进行计量可视化分析,检索结果的总体趋势如图 2-2 所示。

> 数据来源: 文献总数: 790 篇; 检索条件: ((题名=生长) 并且 (主题=教育 或者 题名=教育))(模糊匹配),: 全部; 数据库: 文献 跨库检索

总体趋势分析

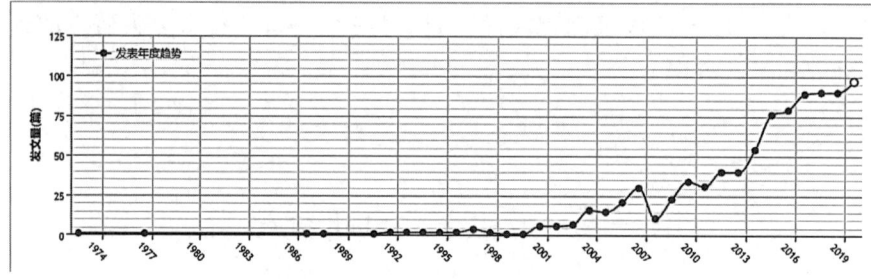

图 2-2 篇名为生长并且主题为教育的中文文献的发表趋势图

从图 2-1 和图 2-2 可以看出,"生长"为主题的教育研究随着时间的变化呈现出逐年增加的趋势,近 20 年(从 1989 年起)增速比较大,这之前的变化不是很明显,变化趋势增大是在 2000 年之后,而且国内研究的热度也越来越高,还有继续上升的趋势。

以篇名为生长并且主题为教学主张进行检索,结果有 12 条,其中分组浏览主题为教学主张的有 10 条,对这些文献发表进行计量可视化分析,检索结果的总体趋势如图 2-3 所示。

❶ 数据来源：文献总数：12 篇；检索条件：((题名=生长 或者 Title=中英文扩展(生长,中英文对照)) 并且 (主题=教学主张 或者 题名=教学主张 或者 v_subject=中英文扩展(教学主张,中英文对照) 或者 title=中英文扩展(教学主张,中英文对照)))(模糊匹配),专辑导航：全部；数据库：文献 跨库检索

总体趋势分析

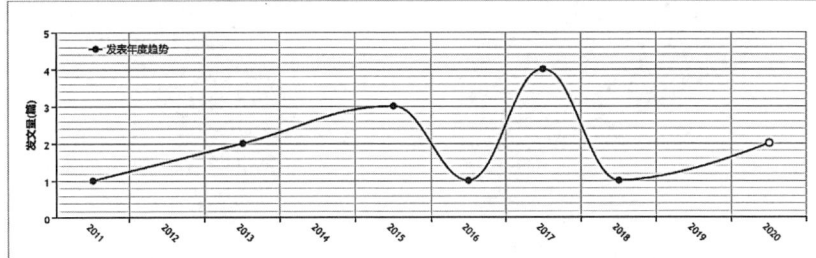

图 2-3　篇名为生长并且主题为教学主张的文献发表趋势图

从图 2-3 可以看出，关于生长的教学主张的研究主要在 2011 年以后，发表的篇数不多，最多集中在 2017 年的 4 篇。进入查看具体的文章发现，真正属于教学主张的文献是 5 篇，分别是《融语文：指向儿童生长的无限可能——核心素养导向下"融语文"的教学主张与校本建构》《"生长数学"：数学课堂教学的愿景》《为语言生长而教——我的"生长语文"教学主张》《"生长美术"的教学主张与实践建构》《向儿童展现数学本身——"儿童生长数学"教学主张的内涵诠释和实践建构》，这五篇文章中两篇是数学学科，两篇是语文学科，一篇是美术学科，没有关于思想政治课的教学主张。因此，我又以篇名含"生长政治"进行检索，没有检索到相关的内容，以篇名含"生长德育"进行检索，有三篇文章，分别是《特色"生长德育"的实践探索》《小学"生长德育"的实践研究——以上海市 S 小学为例》《自主生长的"花儿"才灿烂——广东省中山市南头三鑫学校"生长德育"探索》。我以主题为"生长德育"进行检索，有 63 条结果，其中中文文献有 21 条，外文文献有 42 条。查看文章发现，这些文章中真正与"生长德育"相关的总共有 14 篇，通过梳理文献内容，可以总结为 3 类（如图 2-4 所示）：一是以"生长德育"为独立的研究主题，共 4 篇；二是以"三生"德育为主题的研究，研究者将"生长德育"作为"三生"德育研究的一部分，共 2 篇；三是以德育的生长为主题的研究，共 9 篇，其中包括道德教育生长性的理论基础研究 5 篇、学校道德教育生长性的实施与完善建议研究 4 篇。

在中国国家图书馆·中国国家数字图书馆中，以全部字段含"生长"并全部字段含"教育"进行高级检索，有 140 部著作，但这些著作中有许多是生物学著作；再以全部字段含"生长"并全部字段含"教学主张"进行高级检

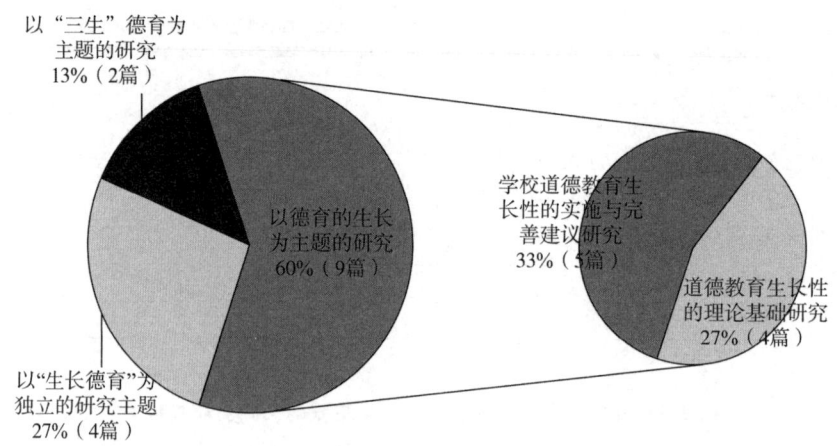

图 2-4 生长德育的文献分类

索,检索到陕西师范大学出版社 2018 年出版的卜以楼老师的专著《生长数学》,翻阅其他 139 部著作摘要,其中有部分专著是属于学校教育理念和学校文化建设、课堂教学改革的,不是系统的教学主张论著。

从以上的文献查询可以看出,"生长"作为教育理念是把教育对象视作一个个生命个体,有一个从不成熟走向成熟的发展过程,很多专家学者对"生长"在教育中的认识是把"生长"作为学校的办学目标,学科教学重视学生个体生命的发展、成长,但把"生长"作为教学主张的研究相对比较少,成系统形成专著的更少。特别是在思想政治教育教学上的研究更少,在文献中没有相关的研究文章和专著。以"生长德育"为独立的研究主题进行研究最早出现在实践领域,2015 年广东省中山市南头三鑫小学较早针对"生长德育"进行了初步的实践探索,主要是从学生的自主管理方面进行了相关的行动研究,开辟了学生在学习中参与管理、在管理中建立责任意识的新思路,美好的品德伴随着学生的管理责任和使命一天天地生长。对"生长德育"的研究只有一篇相关的教育硕士论文,研究的层次相对较低。

第二节 "生长"研究的主要内容

通过整理、分析收集到的文献,可以看出,"生长"作为一种教育现象和教育理念同时并存,有的是通过教育教学的实践、研究来实现"生长"的目标,有的是用"生长"的教育理念来指导教育教学实践。作为教育理念的"生长",在文献中有两种类型:一是作为学校办学理念;二是作为学科的教学主张。将"生长"作为教育教学发展的目标的,涉及的研究范围比较分散,与本研究的相关度不大,因此不做分析。下面主要就"生长"作为学校办学理念和学科教学主张两种类型的研究现状进行分析。

一、"生长"作为学校办学理念的研究

"生长"作为学校办学理念得到了很多教育同行,特别是来自一线的学校、教师的广泛认同,很多学校立足于学校的办学实际和对教育的理解,提出了"生长教育"的办学理念,给予各自不同的解读,并在课堂教学、课程建设、教学评价等教育环节进行了初步的研究和实践。

(一)"生长"作为学校办学理念的解读

在收集到的生长教育的文献中,我们可以看出不同的学校有不同的解读,赋予不同的内涵,但不同中又有共同点,如都关注学生,关注生活,关注学生个性化的发展、培养,提出具体的目标,并且规划了促进学生生长的路径。如有的学校提出:"学校确定了'生长教育'特色办学理念,即尊重生命、遵循生长规律,通过生活化的教学实践活动,使学习者在适宜的教育生态环境下,个性与能力不断得到展示和发展,生命潜质不断得以实现和积极变化,从而获得真正意义上的生长。"[①]有的学校提出:"'生长教育'核心内容是'学会做人、学会学习、学会生活、学会创造'。关注每一个学生每一天的生长,尊重每一个学生的生长规律,创设适合每一个学生成长的教育环境,激发每一个学生的生长动力,让每一个学生在学校的每一天都健康、快乐地成长。'生长教育'最重要的要义是唤醒每个学生的生命自觉,让学生身上自然的、社会的生命特质自由舒展。'生长教育'的核心是要实现学生身体和精神的和谐共长,从而达到身心两健,要以适应学生身体成长、智

---

① 白芸.践行生长教育,奠基幸福人生——专访马驹桥镇中心小学校长邵学良[J].华夏教师,2018(01):04.

力发育的规律去引导学生主动发展、健康成长。"[①]有的学校结合办学实际作出符合自己学校个性的解读,赋予其新的内涵,提出"生长,是一切生命的根本;生长教育,就是顺应儿童天性,促使儿童不断向上生长的教育","让教育成为顺应儿童天性发展的自然历程,努力办好为孩子幸福一生奠定基础的教育"[②]的教育理想。还有的学校"将教育意义上的'生长'理解为学生知识的获得、能力的形成、情感的勃发、智慧的生成、精神的丰盈和人格的升华等。但'生长'不是简单的平面延展,而是有层次的。生长基于生本,力求人在中心、教学相长,生长的主体是学生,教师只需要引导与帮助学生,促进其生长;生长着眼生命,充满生命自觉、向上的力量,尊重生命、赋予生命更多的意义,培养学生的生命自觉和向上力量;生长重视生成,追求主动建构、动态生成。生长立足生活,巧用儿童经验、多彩生活。生长兼顾生态,维护健康生态、和谐共生。"[③]"生长教育"的核心理念是"顺应童性,尊重儿童;关注体验,焕发活力;重视实践,面向未来",即关照儿童的自然天性,尊重学生的个性自由发展,融通社会生活的各个方面,以适应学生在未来社会的发展需要。生长教育的核心内容是"学会做人、学会学习、学会生活、学会创造"。我们关注每一个学生每一天的生长,尊重每一个学生的生长规律,创设适合每一个学生成长的教育环境,激发每一个学生的生长动力,让每一个学生在学校的每一天都健康、快乐地成长。[④]

可以看出,这些学校把"生长教育"作为学校的特色办学理念,意在充分调动学生主动发展的主体作用,营造能影响儿童个性健康成长的、有正确价值导向和充满爱的智慧的教育环境,最大限度激发学生的潜能,促进学生在德、智、体、美、劳等方面的生长,为学生未来美好、幸福人生奠基。

(二)"生长"作为学校办学理念的教育实践

在"生长"办学理念的基础上,有的学校从办学的各个不同层面进行系统建构,整体推进学校的教育教学改革,促进学校特色发展;有的学校侧重从课程建设的层面开展实践和研究。如"立足生长教育理论,开展幸福教

---

① 陈书强.生长教育:通往美好生活的教育——江苏省徐州市云兴小学"小云娃"课程建设与探索[J].江苏教育,2018(10):63.
② 刘合田.基于生长教育理念的课程建设[J].幼教365·管理,2018(06):94.
③ 文俊.循"生长"课堂之道 塑"三一三"教学之型[J].江苏教育,2018(06):63-64.
④ 赵莉.基于"生长教育"视角下的阅读课程建设[J].广西教育,2018(12):23.

育,推动学生心理健康发展"的幸福课程,以情感体验为核心,让学生通过幸福课程学习去体验幸福教育;通过"理解、互动、升华"等环节,层层递进,鼓励教师创新特色课程教学,采用情境体验、角色扮演等教学手段,让学生在课程教学活动之中养成明志、练能、强基的素养。① "学校逐渐形成了以人为本、民主公正的管理文化;基于生长、融通整合的课程文化;以人育人、共同成长的教师文化;自主发展、共同进步的学生文化;环境育人、文化育心的环境文化;融合互动、共同提高的公共关系文化。"② "将理念落实到多彩的实践活动中,主要体现在生长课程模块——搭设多种平台,关注每一个学生的健康生长,根据生长教育的理念,以及低、中、高学段学生的年龄特征和心理特点进行整体规划,精心设计了不同的课程,为学生创设最能满足其多元发展需要的健康成长的优质课程。生长式评价方式——注重综合表现,用赏识促进学生的健康生长,给每一个学生提供机会,使不同水平的学生都能在原有的基础上得到良好的发展,注意从学生已有的经验出发,为每一个学生的发展提供多样化的学习评价方式;立足学生,关注细节,呵护学生的健康生长,尊重学生,关注学生的生长需要,关注学生,细节之处呵护学生的健康生长。"③

"教育即生长"的教育思想在一线教师和学校的教育教学实践中得到了比较一致的认可和接受,很多学校和老师都在教育教学中自觉地进行实践和探索。特别是2001年开始启动课程改革后,相关的实验探索更是层出不穷,但限于基层教师的理论研究水平,在实践层面也多受限制,文献资料体现得不多,研究层次相对较低。

二、"生长"作为学科教学主张的研究

"教育即生长"的教育思想不仅对学校层面的教育教学改革、实践研究具有重要的指导意义,在各学科教学中也是如此,很多来自一线的教学名师均在"生长"的基础上提出了自己的相关学科的教学主张,诸如"生长美

---

① 汪桂林.践行生长教育 构建幸福校园——浅谈小学校长的管理之道[J].甘肃教育,2019(08):54.
② 白芸.践行生长教育,奠基幸福人生——专访马驹桥镇中心小学校长邵学良[J].华夏教师,2018(01):04-05.
③ 刘芳.生长教育:通往美好生活的教育——江苏省徐州市云兴小学"小云娃"课程建设与探索[J].江苏教育,2018(10):63.

术""生长语文""生长数学""儿童生长数学""语文生长课堂"等,有的虽然都称之为"生长数学",却有不同的理解,但都有共同的内涵。从笔者目前收集到的文章和专著等文献中可以发现一个很有意思的现象:关于教学主张的提炼,江苏的名师最多,研究也比较深入。

(一)为解决教学中存在的弊端

很多名师之所以在"生长"教育思想的基础上结合学科特点,提出相关学科的教学主张,是因为他们认识到在学科教学中存在着"'教师讲、学生听,教师要求、学生照办,教师出题、学生考试'的单向、被动的学习模式"和"重结果轻过程、重升学率轻素养、重智育轻德育"[①]等阻碍学生学习的现象和问题。为了解决这些弊端,老师们共同提出必须关注学生生命,将其作为自己的自觉责任,"强调'以生为本',尊重学生的主体地位,将教学同学生的兴趣和需求相结合"[②],"教学要遵循儿童的年龄特征和心智发展规律"[③],要"致力于改变目前教师主导课堂的现状,变教师主导为学生主导,从而改变学生被动的学习状态,使学生获得不断生长的源泉、动力与能力"[④]。

(二)学生的生命成长被高度重视

在这些教学主张中,学生成长都被放到了教学的中心位置,提出学生是成长的主体,并进一步提出了"儿童在课程中央"的课程观,"学生在生长中"的学生观,"为了儿童而教"的教学观,"为了学生成长"的评价观等[⑤]。有的教学主张从学科的课程特点出发,具体地提出"教师应坚持'儿童立场',即充分尊重儿童,用儿童的视角审视教材,用儿童生活还原学习情景,让语言学习真实地发生在儿童身上,让课堂真实地展现儿童的学习过程。

---

① 刘怜."生长"课堂助成长——基于生长理念的高中政治特色课堂构建策略[J].科学咨询(教育科研版),2019(02):99.

② 刘怜."生长"课堂助成长——基于生长理念的高中政治特色课堂构建策略[J].科学咨询(教育科研版),2019(02):99.

③ 俞亚萍."生长美术"的教学主张与实践建构[J].江苏教育,2015(06):52.

④ 符克丽.试论教育"生长理论"视野下基于培养地理读图能力的课堂构建[J].科学咨询,2019(02):97.

⑤ 孟晓东.用生长定义教育——孟晓东与语文生长课堂[M].南京:江苏凤凰教育出版社,2016(07):63-123.

关注儿童语言学习的原点,是让学习真实地发生在课堂之上的重要策略"①等。至于如何关注学习的主体——学生,老师们进一步结合各自学科的课程特点,对学科教学进行了深度的思考,提出了自己的认识,如"数学的学习愿景归根结底还是定位于学生生命的绽放,所以要用生命的视角播种数学,让其发芽、生根、枝繁叶茂,直至长成参天大树,用数学的精巧来演绎生命的精彩"②,从而赋教学予生命,实现让生命教育生命的目的。

(三)围绕教学主张开展教学实践和研究

为了实现教学理想和教学追求,促进学生的生长,老师们从自己的学科出发,开展了多种形式的实践和研究,这样的实践和研究有比较明显的学科特色。如"生长数学"紧紧立足于数学教学,从数学学科的课程特点出发,提出生长数学所追求的价值理念是"要让学生找到知识的源头,也就是通常所说的知识的生长点,进而形成生长节,最终长成知识树";生长数学所追求的教学意蕴是"技能的培养不是一蹴而就的,有个反复的过程,一旦形成知识体系,便自然形成了知识树。显然,这是个由内往外自然迸发的过程,具备了生长的本质特征,它定会为学生生命进阶注入新的能量"③。思想政治老师从高中课程学习的特点出发,开展了"内容主题化,让学生在兴趣盎然中主动地'生长';主题情境化,让学生在身临其境中自然地'生长';情境思维化,让学生在慎思明辨中创造地'生长';学习成果化,让学生在硕果累累中自信地'生长'"④的"生长"课堂的实践。美术老师从美术学科教学特点出发,开展了教学"融于现代生活的多元化社会文化环境中,充满着生长发展的生机和活力"⑤的研究。这些研究和实践立足于各自不同的学科,引导学生参与知识的创造、发现的过程,并在这些过程中将其内化为学生成长所必备的核心素养。

---

① 柯向妹.为语言生长而教——我的"生长语文"教学主张[J].中国教师,2015(10):33.
② 卜以楼."生长数学":数学课堂教学的愿景[J].江苏教育,2017(02):33.
③ 卜以楼."生长数学":数学课堂教学的愿景[J].江苏教育,2017(02):33.
④ 刘怜."生长"课堂助成长——基于生长理念的高中政治特色课堂构建策略[J].科学咨询(教育科研版),2019(02):99.
⑤ 俞亚萍."生长美术"的教学主张与实践建构[J].江苏教育,2015(06):52.

(四)明晰了学生"生长"的目标和方向

不同的教学主张,从各自学科出发,明晰了各自"生长"的方向和目标,这些方向和目标有的是对学生成长的整体目标进行论述,有的是对学生生长的具体要素或素养进行具体要求,也有的重点强调学科的核心素养的培养。如有人提出教学主张是要"关注'完整人'的发展,同时致力于学科的自然生长的特性和生命教育的本色",实现"培养有能力、有个性、精神饱满的学生"①的目标;还有从学生成长的几个关键要素进行分析,提出通过问题设置、探究学习、思考感悟和内化转变等做法来提升学生的思维水平、学习能力、品德品格和核心素养等关键要素;还有教师辩证地看待教学中的各种不同关系,提出要追求师生彼此的"精神敞亮""相互悦纳"的关系,"注重性情的培养,着重思维的训练,看重语言的生长。教学既追求训练的密度,也追求发展的自由度;既磨炼学生思维,也充满人文涵泳;既着力于生长的'原点',更着眼于发展的'远点'"②。

三、"生长"作为教学主张在德育中的研究

笔者提出的教学主张是基于政治课教学,属于德育的范畴,面对比较缺乏纯粹的思想政治课教学主张的现状,笔者以"生长德育"这个主题,更大范围收集和整理文献,以期有更多的启发。从收集到的文献看,目前,我国研究者对"生长德育"的关注度并不高,研究者大多数是中小学的校长或者教师,研究领域多集中在实践领域,研究类型多为行动研究。

(一)关于"生长德育"的概念研究

有关"生长德育"的概念目前学界尚未形成统一的共识,其研究还处在起步阶段,仅有较少的学校和学者在使用这个概念。

广东省中山市南头三鑫学校副校长谢京华主要侧重于学校教育管理角度对其加以界定,认为"生长德育最大的特点在于它不灌输,也不强制,而是遵循'学而时习之'的德育理念,即让学生像老师一样参与到全校教育

---

① 俞亚萍."生长美术"的教学主张与实践建构[J].江苏教育,2015(06):52.
② 孟晓东.用生长定义教育——孟晓东与语文生长课堂[M].南京:江苏凤凰教育出版社,2016(07):35.

管理的方方面面,在参与过程中培养学生责任感的一种体验式教育"。①

江苏省通州中等专业学校的俞华从构建三生(生命、生活、生长)德育课堂的角度出发阐释何为"生长",认为"生长性既要着力于学生生长的原点,更要着眼于学生发展的原点;既要关注学生当下的生长状态,更要关注学生的未来"。"生长本身意味着学生具有无限的可能性,要使中职学生具有发展性、创造性和超越性。"这在"生长"的基础上又丰富了德育课堂的内容,强调"实现学生的生长性是'三生'德育课堂构建的最终目标"②。

上海市奉贤区思言小学的德育主任、德育高级教师施建英更加细致地对"生长德育"进行了界定,强调开展"生长德育"就是以"教育即生长"等理论为基础,从要办一所中华优秀传统文化和现代教育相融合的学校的办学愿景出发,确立"向着儒香生长"这一德育理念,要求尊重儿童,使一切教育和教学合于儿童的心理发展水平和兴趣、需要,让学生能够"自然、活力、和润"地生长。其在德育的目的、方式、内容、评价上进行了具体的研究与阐释,强调在目的上是帮助学生更好地过有道德的生活,强调最基本的道德生活态度,强调为学生的终身发展服务;在方式上强调要以"生长"为本,把"生长"作为道德教育的平台,通过生长、实践进行道德教育,注重学生道德知、情、意、行的协调统一;在内容上从实际出发,坚持将学生生长过程中遇到的各种道德问题视为主要内容,从学生日常生活点点滴滴的现实事例去浸润,避免道德教育的理想化、成人化和政治化;在评价上考虑个性化因素,强调开放性,不设置唯一的标准来衡量、评价学生③。

广州市新滘中学高级教师李海联立足"生态教育",从尊重学生生命活动与身心发展规律的角度加以界定,认为"生长德育"实际上是将学生道德品质发展的支点放在"自然"与"生长"这两个基点上,即尊重生命、尊重自然。在德育实践工作中,其不断提炼总结"生长德育"理念,建构适合学生成长的德育模式,使学生获得符合道德发展和自身生长需要的情感品质、思想道德和行为习惯,实现身心的健康和谐发展,从而实现可持续发展④。

---

① 谢京华.自主生长的"花儿"才灿烂——广东省中山市南头三鑫学校"生长德育"探索[J].中国德育,2015(20):69-70.
② 俞华.生命·生活·生长——谈中等职校"三生"德育课堂的构建[J].职业,2017(36):87-88.
③ 施建英.小学"生长德育"的实践研究[D].上海:上海师范大学,2017.
④ 李海联.特色"生长德育"的实践探索[J].教育观察,2018,7(08):59-61.

(二)"生长德育"相关理论探究

潘月俊基于价值澄清模式、体谅模式、社会行动模式等道德教育模式,提出了着眼于学生"生长"的情境德育模式,注重德育的开展环境。情境德育是"指教育者根据教育目的和受教育者的身心发展特点,有目的、有意识、有计划地创设贴近受教育者生活实际的情境,引导他们融入其中,激发他们的智慧,鼓励受教育者自主选择道德行为方式,并在情境中加以训练与体验,以促进受教育者道德品质内化和道德习惯形成的道德教育模式"①。这一德育模式的主旨就是着眼于学生的生长,尊重学生的主体地位,培养学生的情感体验,训练学生的道德行为,致力于学生道德能力和习惯的培养,创设学生真正需要的道德教育。

西南大学的胡涛则以诺丁斯的关心理论为基础,阐述了道德教育的新模式,即在关心中生长,学生应该以关心为中心,关心身边的人、关心陌生者和远离自己的人,要建立一种人与人互相关心的文化,在关心中生成新的道德体验,促进道德的发展。同时其也对教师提出了要求,即通过教师自己的行为示范来感染学生,和学生一起探讨问题,帮助学生站在对方的角度去思考问题、解决问题,通过这种双方的"灵的交流",生长出真正具有活力和实际的道德体验②。但该文将生长等同生成,混淆了两个不同的概念。

(三)"生长德育"实施与完善建议的研究

1."生长德育"的全方位实施

施建英以上海市某小学为例,从"生长德育"的实施内容、实施途径、实施原则及培育和践行等方面来全方位打造儒香、书香、墨香、诗香、馨香的"生长"高雅校园③,并且提出"生长性活动"是实施"生长德育"的基本路径:从"生长"的特性出发,需要教师保持宽容、开放、接纳的心态,关注学生的生活体验;从有价值的生长体验出发,在创设的生长情景中对学生进行道德教育,让学生通过真实的生活和情感体验,遵从一定的道德准则,逐渐形

---

① 潘月俊.情境德育:"指导"学生生长的道德教育[J].思想·理论·教育,2002(10):30-34.
② 胡涛.德育的新模式:在关心中生长[J].科教导刊(上旬刊),2012(03):67.
③ 施建英.小学"生长德育"的实践研究[D].上海:上海师范大学,2017.

成良好的道德情操和道德行为①。

2."生长德育"相关实施

一部分学者从学校课堂教学的角度出发,立足教学方法、教学内容等春风化雨地开展道德教育。例如,王玉琴强调应在课堂教学中进行诗意的德育渗透,为学生生长提供动力。教师应该从自己所教学科的角度,挖掘德育素材,找准德育点,把握好德育渗透时机,掌握好渗透的"度",运用本学科的教学方法,在教学中从不同角度将德育内容立体渗透②。

湖北省秭归县归州镇航天希望小学副校长熊波以数学学科的课堂教学为切入点,在课堂中实施德育渗透,巧用德育活素材,把握住教育时机,通过自然渗透促进学生德育的生长,例如以灿烂的数学文化唤起学生的爱国情感、用鲜活的数学素材对学生进行国情教育、借数学学习的过程培养学生良好的思想品质等③。

江苏省通州中等专业学校的俞华立足于德育课堂的构建,提出了"生命·生活·生长"的"三生"教学观,即找回德育课堂教学生命本义,构建生活化教学内容,实现教学目标生长化,提升德育课堂教学的质量。其强调遵循教育教学的生长规律和学生发展规律,以生长为轴,合理设置德育课教学目标:从宏观上,要从多门德育课程的内在联系中把握所授课程的教学目标;从微观上,要正确处理教材内容与教学内容的关系,让每个单元、每节课的课程内容都有生长化的教学目标;在操作上,要细化具体的教学目标,在学情分析的基础上,结合单元的总体基本教学目标,细化具体的"认知,情感、态度、观念,运用"三维目标④。

周文芳基于杜威的教育即生长、课堂即社会、生活即教育的理论核心,提出建设能"生长"的德育课堂,就是要使每个人的天性和与生俱来的能力得到健康生长。她认为学生是有血有肉的人,教师的出发点和立足点都应该是为了促进人的自我成长。充分发挥学生的主体能动性,让每个学生都

---

① 施建英.生长性活动:小学实施"生长德育"的基本路径[J].现代教学,2018(08):58-60.

② 王玉琴.诗意渗透德育,为生长提供动力[J].四川教育,2011(Z2):27-28.

③ 熊波.巧用德育活素材　自然渗透促生长——如何在数学课堂中实施德育渗透[J].基础教育参考,2016(01):58-60.

④ 俞华.生命·生活·生长——谈中等职校"三生"德育课堂的构建[J].职业,2017(36):87-88.

能完成力所能及的学习任务①。

此外,也有学者基于学校德育活动、学校德育管理提出了相关的事实与完善建议。例如,李宏亮从学校德育活动角度出发,在理论和实践层面重构活动育人的内涵与路径,主要从价值定位、作用机理、要素关系、存在形态进行了分析与研究。他强调活动育人,主要是指学校通过精心设计和组织,开展富有教育价值的学生活动,引导学生与他人和集体进行充分的身心交往,从而树立正确的价值导向,积淀向上的成长力量,并最终形成良好的思想品德和行为习惯的道德教育过程②。江苏省无锡市扬名中心小学副校长严青从学校德育管理角度出发,基于儿童立场、儿童生长需要,提出完善德育管理制度,蓄力德育队伍建设,细化德育规范,循序渐进地促进儿童的健康发展③。

(四)"生长德育"中小学办学实践的研究

广东省中山市南头三鑫学校进行了"生长德育"的探索,实行学生自主管理,把管理的权力下放到学生手里,主要表现在三方面:一是岗位体验催生自主观念,学校提供学生校长、学生班主任、学生老师、安静就餐文明监督员等岗位,他们定期与校长、班主任等会面,讨论学校近期出现的安全、卫生、就寝等问题,同时学生可以参与教师评价工作,潜移默化地形成正确的价值观;二是在教师的引导下学生自己制定班规公约,大家共同参与、共同遵守;三是学友互助、自理自强,班级利用学习小组的关系,让学生结伴成长,相互促进,自主管理。"这种生长的德育,某种程度上颠覆了过去德育工作'非老师出马严管不可'的传统,开启了学校由学生管理,学生在学习中参与管理,在管理中建立责任意识的新思路。"学校以此丰富学生的自主成长、培养学生的责任意识④。

广州市新滘中学高级教师李海联则受万物生长之生命五要素(光线、空气、土壤、水分、温度)的启发,从"生态教育"出发,提出特色"生长德育"理念,即尊重生命、尊重自然,将学生道德品质发展的支点放在"自然"与

---

① 周文芳.建设能"生长"的德育课堂[J].青春岁月,2017(09):138.
② 李宏亮.德育活动:学生德性生长的校园样态[J].江苏教育,2018(23):7-10.
③ 严青.基于儿童生长的德育管理[J].江苏教育,2018(39):21-23.
④ 谢京华.自主生长的"花儿"才灿烂——广东省中山市南头三鑫学校"生长德育"探索[J].中国德育,2015(20):69-70.

"生长"这两个基点上,长期在学校进行德育工作实践,凝练出"生命五要素"德育模式,通过德育目标、德育环境、德育课程、德育活动、德育评价五方面实施,以实现多元成长、和谐发展的育人目标①。

广东省东莞市南城阳光第五小学不仅进行了德育立项课题,完成了校本模式的理论构建,构建了"三生"校本德育模式(即"生活德育""生长德育""生成德育"),同时也进行了校本实践,例如:开发了《精致晨会》校本系列教材,以每天的晨会作为德育课程的落脚点,全校所有师生共同以精致晨会开启一天的学习和生活。生活化、体验式、阶梯形、人文性的德育实践,使学校的管理方式、德育运行机制发生了颠覆性改变,使学校呈现出一种全新的风貌。上海市奉贤区思言小学以学校德育主任施建英老师为首的团队进行了大胆实践,努力创建大德育课堂,以"生长德育"为指导,逐步提炼了"尊重天性、主体表现、浸润引导"三大"生长德育"特征,逐步确定了"生长德育"的实施原则、内容和途径。找到生长的根基,整合生长的环境、生长的课堂、生长的活动、生长的评价等,促进基础型课程、拓展型课程、探究型课程的有机融合,形成符合学生身心发展规律、学校办学思想的学校德育工作新模式。在开展"生长德育"评价研究的过程中,学校以促进学生生长为要点,通过一体三维的评价内容构建、动态渐进的评价策略运用及多元综合的评价方式推行,形成"生长德育"的评价体系,从而让"生长德育"的理念在学校中落地、生根、发芽、长叶、开花。它以全时全景的方式展开探索与实践,也努力诠释全体师生对教育的全部理解与期待,展示着一所新建学校如何创建出它所独有的品位与风采②。

第三节 "生·长"教育研究的评价

根据以上的分析,我们可以很清楚地发现,受"教育即生长"的教育思想的影响,"生长"教育思想在教育的应用比较广,除了催生出陶行知这样

---

① 李海联.特色"生长德育"的实践探索[J].教育观察,2018,7(08):59-61.
② 精致的德育 生命的校园——广东东莞市南城阳光第五小学"三生"德育寻绎[J].中小学德育,2017(09):81.

的近代教育家之外，在现代也有着很广泛的应用。促进教育对象的生长成为大家的共识，不同学校有不同的办学理念，但目标最终都落在学生的生长上，不同的学校基于办学历史、发展现状和所处的地域环境等因素，对"生长"的内涵作出了不同的解读，指出了办学育人的路径及发展目标，可谓是百花齐放。同时，以"生长"为学科教学的主张，也是各个不同学科教学育人追求的方向和努力的目标，形成了不同的解读和具体的实践路径。

"生长"作为教学主张在思想政治课教育教学中的研究和实践相对较少，即使把思想政治教育教学置于德育这个大概念中来看，"生长德育"的研究尽管已经取得了一些研究成果，也有少量研究从整体上关注"生长德育"，但很难发现系统性强的研究论述。德育作为人全面发展教育的重要组成部分，个体品德形成虽然需要社会环境、舆论、规则、法律等外部力量的支持，但究竟是什么东西在人的内心持续、内发、内控地生长，使一个人成为善人、好人、有德之人，"生长德育"的尊重天性、凸显个性、践行春风化雨的过程性的要求使学生德育在润物细无声处生长。因此，我们有必要对"生长德育"做系统的梳理和深入探究，以总结经验和教训。基于以上分析，笔者发现，目前关于"生长德育"的研究呈现出以下特点与不足。

一、从研究阶段上看

目前关于"生长德育"的研究尚处于起步阶段，发表文章数量不多，发表时间主要集中在最近两年。所取得的研究成果并不显著，缺乏相关的优质研究。

二、从研究内容上看

以"生长德育"为独立主题的研究相对缺乏。相关的学术研究多为碎片化研究，多立足于"德育的生长性"这一主题进行研究，缺乏对"生长德育"的直接而全面的研究，即使有所涉及，也是蜻蜓点水，未曾深入探讨。"生长德育"的概念尚未形成统一的界定，概念边界不清晰，存在运用混淆的状况。

三、从研究类型上看

研究呈现出重实践探索、轻学术的格局。相关的德育理论基础探析不全面、不深入,学界对理论的研究重视程度还不够,缺乏相关的系统化探讨,现有的研究基本上是以浅层分析为主,多偏重于就事论事,学理性分析不足,解释性研究还有待加强。研究类型虽然多为行动研究,但是相关的实践研究并不丰富,成就显现也不明显,还需进一步加强。

四、从研究群体上看

研究人员以中小学的校长或者教师居多,专门的研究人员少有,研究均集中在中小学教育阶段、多集中在校园德育实践领域。

五、从完善措施的实施主体研究上看

在"生长德育"实施与完善建议的研究上,其主要是以学校层面为实施主体展开研究的,例如:开展德育活动、改革课堂教学、加强德育管理、实施"三生教育"等。相关研究极少对以社会层面或者家庭层面为实施主体应作出的努力进行研究,并且学校的德育实施存在缺乏完整的内容序列、规范的操作方法、全面的评价体系等不足,相关的建议措施尚需要不断完善。

综上,"生长德育"的课堂实施虽然对思想政治课教育教学的开展具有一定的启发,但这是在"大德育"的背景下的,相对比较宽泛,缺乏针对性。因此从学科的角度,"生长"作为思想政治教育教学主张的研究和系统实践,是具有十分重要的理论价值和实践价值的。

第三章

"生·长"之思

通过文献分析和回顾,我们可以很清晰地看出,"生长"作为思想政治教育教学主张还比较少,要么是侧重在其中的某一方面,如德育工作,而以"生·长"来表达教学主张的,在文献中还比较少。"生·长"与"生长"在文字形式的表达上只有一个间隔号的差别,两者之间有什么差别和联系呢?"生·长"作为教学主张的表述方式有什么新的内涵?它的提出有什么实际的意义?本章将作初步的论述。

第一节 "生·长"的理论基础

一、"生·长"的基本内涵

(一)"生长"的概念

"生长"原意有二:一是指"出生和成长;产生和增长";二是指"(生物体)在发育过程中增长体积和重量[①]"。

"生长"一词在我国古籍中早有记载,《史记·高祖本纪》中有:"丰,吾所生长,极不忘耳。"宋罗大经《鹤林玉露》卷十载:"惟竹生长於旬日之间,

---

① 李行健.现代汉语规范词典[M].北京:外语教学与研究出版社,语文出版社,2004:1168.

而干霄入云,其挺特坚贞,乃与松柏等。"《管子·形势》曰:"春夏生长,秋冬收藏,四时之节也。"这些古籍从自然环境的角度解释"生长",认为生长是自然万物从自身生命发展需要出发,顺应时节、气候、环境而进行的生命活动,符合自然规律和生命特征。

从生物学的角度理解,"生长是指生物体或细胞由小到大的过程。当同化作用超过异化作用时,机体的体积和干重逐渐增加,这是由于细胞经分裂而数目增多,同时细胞合成大量原生质而容量加大所致。生长通常伴随着发育过程的细胞分化和形态建成"[①]。多细胞生物体的生长,要从细胞分裂和细胞生长两方面来考虑。其是指细胞繁殖、增大和细胞间质增加,表现为组织、器官、身体各部以至全身的大小、长短和重量的增加以及身体成分的变化,为量的改变。单细胞生物的增殖也具有同样的关系。在细菌学的领域里,个体数的增加也被称为生长。

从教育学的角度理解,杜威在《民主主义与教育》中指出,"教育即生长"[②]。"生长"表现为习惯和适应,生长是生活和生命的特征,因此,教育就是不断地生长,在它自身之外,没有别的目的。教育在本质上要使人获得一种主动的适应能力和习惯,道德教育也如此。杜威认为生长的概念就是要让学生在自身的各个地方生长出新的道德。

从哲学的角度理解,生长是发展的一种形式,列宁指出,"发展不是简单的、普遍的和永恒的生长、增多(或减少),等等。——既然如此,那首先就要更确切地理解进化,把它看作一切的产生和消灭、相互过渡"[③]。生长是一个动态发展的过程,道路是曲折的,前途是光明的,事物的发展方向经历着量的积累和质的飞跃。

(二)"生·长"教学主张的内涵

"生·长"教学主张的核心要义是为了学生的"生长"。作为一名思想政治课教师要从思想政治课学科的特点出发,把为了促进学生生长作为开展教育教学工作的着力点。

"生·长"教学主张除了包含着"生长"的核心要义之外,又蕴含着丰富的内涵。其中,"生"包含着生命、生活和人生三个层面的内涵,这是基于思

---

① 夏征农,陈至立.辞海:第六版普及版[M].上海:上海辞书出版社,2010:3501.
② 约翰·杜威.民主主义与教育[M].王承绪,译.北京:人民教育出版社,1990:49.
③ 列宁.列宁全集(第55卷)[M].北京:人民出版社,1955:215.

想政治学科的育人目标和学科特点进行的归纳和强调。"生命"强调的是我们每一名思想政治课教师眼中要有人,要有一个个具体的人,我们的教育对象是一个个独立的生命个体,我们要尊重和促进每一个学生的生命成长,在开展教育教学工作中要树立学生立场,教育教学工作是为了焕发学生的生命活力,促进学生的生命成长。"生活"则是思想政治的教育教学活动要突出学科本身所具有的育人的发展性特点,紧紧抓住思想政治理论联系实际的教学原则,紧紧地联系学生身边的生活,"思政课不仅应该在课堂上讲,也应该在社会生活中来讲"①。思想政治课教学要立足于生活,营造真实的教学情境,引领学生学习、理解和建构相关的教学知识,形成学生的学科核心素养,并在生活中将课堂所学在生活中应用和实践,学以致用,面对真实情景和问题能自主地作出正确的判断和行为选择,在生活中体现思想政治课教育教学的价值;"人生"是从思想政治课所具有的把学生培养成社会主义建设者和接班人的培养目标奠定思想基础而提出的,思想政治课教学要培养学生的学科核心素养,坚定"四个自信",为学生基本形成正确的世界观、人生观和价值观奠基。

"生·长"教学主张的"长"是为了达成思想政治学科的课程性质提出的"促进初中学生正确思想观念和良好道德品质的形成与发展,为使学生成为有理想、有道德、有文化、有纪律的社会主义合格公民奠定基础"②的课程目标。"长"包含"成长"和"长程"两层含义。"成长"是学生通过思想政治课学习"长知识懂礼义""长事理明是非""长思想会报恩""长信仰有情怀",其中的知识、事理、思想和信仰是思想政治课课程的基本内容、基本要求的归纳总结,礼义、是非、报恩和情怀是建立在知识、事理、思想和信仰基础上的更高要求,是学科核心素养内容的凝练,这些"长"是为了实现学科课程提出的培养目标,以及党的教育方针对他们成长的期待。"长程"是指学生成长的过程,学生成长是长期的过程,教育教学要关注学生的终身发展需要和社会发展需要,教师要关注影响学生未来发展的本质性、基础性的学科核心素养的培养。"高中思想政治课程具有学科内容的综合性、学校德育工作的引领性和课程实施的实践性,它与初中道德与法治、高校思想政治理论等课程相互衔接,与时事政治教育相互补充,预告着其他学科

---

① 杜尚泽."'大思政课'我们妥善用之"[N].人民日报,2021-03-07(001).
② 中华人民共和国教育部.义务教育道德与法治课程标准(2011年版)[M].北京:北京师范大学出版社,2011:1.

教学和相关德育工作相互配合,共同承担思想政治教育立德树人的任务"①,作为一名思想政治教师要有课程整体意识、资源整合意识和系统维护能力,才能为学生的终身成长打下牢固的思想政治基础。

笔者将"生·长"教学主张做如下的归纳表述:思想政治课教学要尊重学生的个体差异和独特性,尊重学生的身心发展规律和学习发展规律,根据学生的成长需要,从学生的认知发展水平出发,立足于生活,回归生活,为学生成长的不确定性和各种可能性提供条件,激发学生成长的内在动力,着眼于学生成长的全过程,整体把握、理解和建构思想政治课的教育教学体系,以促进学生长知识懂礼义、长事理明是非、长思想会报恩、长信仰有情怀,为学生形成与发展正确的思想观念和良好的道德品质,成为有理想、有道德、有文化、有纪律的合格公民奠定基础。

3."生·长"教学主张的主要观点

第一,"生·长"的课程观。我们要整体把握思想政治课与德育的关系,思想政治课是落实立德树人根本任务的关键课程,它不仅是知识传播的平台和载体,更是价值引领的主渠道和主阵地,直接影响着学生的理想信念、价值理念和道德观念,直接影响着一代又一代社会主义建设者和接班人的培养。围绕育人本质,学校思想政治教育教学课程是"生长"的,主要有两类。一类是"关键课程",即思想政治课。它不仅通过系统的理论知识传播、价值引领、思想培育促进学生"生长",还在培育学生的过程中,不断完善、丰富、发展。另一类是"基础性课程",即学校的德育活动课程。教师通过活动巩固并延伸思想政治课教育教学成果,从而陶冶学生情操,引领学生行为。两类课程相辅相成,形成合力,发挥促进学生思想"生长"的功效。

第二,"生·长"的育人观。学生都是一个个具有鲜明的独立个性的生命个体,思想政治教育教学活动为学生的成长提供"营养",帮助他们"生长"得有营养、"生长"得健壮、"生长"得充满意义,同时学会生活中有方向、困境中有斗志、遇是非明法纪、知家国善报答的"生长"。构建学生"生长"的思想教育环境,为学生"健康生长""有益生长""有为生长"担责。

第三,"生·长"的教学观。面对一个个活生生的、不断成长的生命个体,思想政治教育教学活动要立足于学生不断生长的需要,为他们的成长

---

① 中华人民共和国教育部.普通高中思想政治课程标准(2017年版 2020年修订)[M].北京:人民教育出版社,2020:1.

打下基础:其一,我们不能只看到自己所任学段的教学内容和要求,而应从整体上认识和把握小学的思想品德、初中的道德与法治、高中的思想政治课,甚至是高校的思想政治理论课程之间的关系,以便更好地把握各阶段学生教育的"生长"点,教育教学活动有层次感和递进感,学生学有所得;其二,我们的教学方法应是"生长"的,随着学生年龄的增长,学生思维水平和认识水平提高,教学方式和手段也应随之变化,从感性到理性,引导学生关注社会,关注生活,理论联系实际,学以致用,让思想政治课教学的抽象理论"活"起来,生动起来,给学生心灵埋下真善美的种子,引导学生扣好人生每一粒扣子。

第四,"生·长"的教师观。作为一名思想政治课教师,也应不断"生长"。面对科技发展、时代要求、教育形势、学生问题,思想政治课教师需要不断学习和充实自己,掌握习近平新时代中国特色社会主义思想,认清我们的使命与职责,不断探究新的思想教育特征、思想教育内容、思想教育方法,提升自己的政治理论水平和育人能力,勇于研究和创新,从而确保思想政治教育常新常活,在学习、研究中与学生同成长。

(二)"生·长"的理论依据

"生·长"教学主张的提出是建立在教育经典理论的"巨人肩膀上",并从思想政治教育教学发展和改革需要出发,结合笔者的实践,进行整体思考、总结凝练出来的。在总结凝练的过程中,主要遵循了下列教育理论,并且是在这些教育理论中"生长"出来的。

1.卢梭的自然主义教育思想

自然主义教育思想是18世纪法国思想启蒙运动的倡导者卢梭启蒙思想体系的重要组成部分,他在著作《爱弥儿——论教育》中提出了自然教育的一整套完整的教育理论,自然教育理论的核心是"自然主义"。

卢梭对"自然"在教育上的解读是指心理学上的自然,即不以人的意志为转移的人的身心发展的客观规律①。卢梭把自然教育分为"婴儿期""幼儿期""少年期"和"青年期"四个时期,并进一步提出培养自然人,传授新的教育内容,必须采取"遵循自然"的新教育方法,"遵循自然,跟着它给你画出的道路前进"②。教育目的和内容的确定,必须遵循自然规律,教育方法

---

① 周萍.卢梭自然教育理论探析[J].教育科学,1994(04):60.
② 卢梭.爱弥儿——论教育[M].李平沤,译.北京:人民教育出版社,1985:66.

的确定,也必须服从自然的永恒法则,顺应人的自然本性,遵循儿童身心发展的规律。遵循自然进行教育,应采取以下具体方法和途径:

第一,教育教学必须基于儿童的身心发展规律和个性成长需要。卢梭认为:"如果我们打乱了这个次序,就会造成一些早熟的果实,它们长得既不丰满也不甜美,而且很快就会腐烂;我们将造就一些年纪轻轻的博士和老态龙钟的儿童。"①一方面,儿童身心发展具有一定的规律,儿童学习有他自己的观察视角、思考路径和感觉的方式,不同成长阶段的儿童有不同的特点,因此,指导儿童学习,不能超出儿童身心发展的阶段,要以与他们成长阶段相适应的视角,才是顺应自然的表现;另一方面,不同的儿童有不同的个性特征,教育儿童不但要考虑与儿童身心发展相适应,还要考虑与儿童的个性特点相适应。每一个人都是一个独特的生命个体,都有他自己的心灵存在形式,因此,教育儿童,要尊重儿童,真正了解儿童,必须遵循他存在的方式去考虑教育,因材施教,教育才能取得应有的成效。

第二,儿童必须在活动和生活中学习知识,发展能力。儿童的知识学习、身心发展要尽量通过活动去实现,学生能从生活中、活动中获得的知识就不要让他通过课本去学习。"生活,并不就是呼吸,而是活动,那就是要使用我们的器官,使用我们的感觉、我们的才能,以及一切使我们感到我们存在的本身的各部分。"②爱弥儿在与人的日常交际中学习文字,在做游戏的过程中学习物理知识,在辨别方位的过程中学习地理知识,在观测日出星象等活动中学习天文知识……卢梭认为儿童在学习过程中对事物直接的接触和观察,是了解事物的意义和观念的关键。"他主张直接研究事物和现象的本来面目,提出世界之外无书籍,事实之外无教学,应该就太阳教太阳,就地球教地球,对人为的直观,如地图、地球仪、仪器、图表等,都应弃之不用。"③

综上,卢梭的自然教育思想以儿童为教育的主体,主张教育要尊重儿童身心发展规律和儿童的个性,教育应该"回归自然",让儿童在最大的自由限度内自由地发展。他的理论和实践是为了培养出生活在现实社会的、自由的、获得全面健康发展的"自然人"。卢梭的自然教育思想对现代教育有着很重要的借鉴和参考意义,但也存在着片面性,比如,过分强调活动、

---

① 卢梭.爱弥儿——论教育[M].李平沤,译.北京:人民教育出版社,1985:84.
② 卢梭.爱弥儿——论教育[M].李平沤,译.北京:人民教育出版社,1985:10.
③ 周萍.卢梭自然教育理论探析[J].教育科学,1994(04):63.

经验和直观,将经验知识和文化知识割裂开来,忽视了人类社会发展过程中形成的系统知识。

2.杜威"教育即生长"的思想

"教育即生长"的思想是美国著名的教育家、哲学家、实用主义创始人之一的杜威先生提出来的,他的著作《民主主义与教育》一书的第四章中专门对"教育即生长"作了论述。"朝着后来结果的行动的累积运动,就是生长的含义"①,"杜威认为生长既是教育的本质,也是一种教育的方法论,儿童通过生长过程,其个性化与社会化得到实现和统一"②。

第一,儿童生长的未成熟状态是教育的起点,可塑性指向生命发展的各种可能。杜威指出,"生长的首要条件是未成熟的状态","我们说未成熟的状态就是有生长的可能性。我们表示现在就有一种确实存在的势力——发展的能力"③。生长的首要条件是"未成熟状态","未"不是"一无所有或缺乏的意思",它"却有某种积极的意义"。④ 内含积极的意义,它指向生长的方向,它意味着即将走向成熟。杜威批判了"把未成熟状态只是当作缺乏,把生长当作填补未成熟的人和成熟的人之间的空缺的东西"⑤的思想。他提倡用"内在"的观点看待儿童期,而不是用比较的观点。他也反对儿童成长到成人状态就被定义为已完成生长,也就是不再成长的思想。他认为每一个人都具有生长的可能性,这是不断向前发展的,生命存在着,生长也伴随着。

理解未成熟状态的两个特征:依赖和可塑性。杜威指出"依赖伴随着能力的成长,而不是越来越陷入寄生状态"⑥,儿童的身体虽然"软弱无能",但是"他们有社会能力"。我们成人不应该忽视他们生长的能力,把他们看成无能的只能寄居的弱小个体。但是"从社会事务观点看,依赖性是指一种力量而不是软弱",相反,个体独立性的增加反而存在着社会能力降低的风险,个体脱离了社会而存在,最终也会使得个体"自以为是,脱离群众,冷漠无情",对与他人的关系麻木不仁。因此,个体参与社会生活是重要的,不能脱离他人和社会而存在。对于可塑性的论述,杜威认为它是"未成熟

---

① 约翰·杜威.民主主义与教育[M].王承绪,译.北京:人民教育出版社,2001:49.
② 张相乐.杜威"教育生长论"探新[J].高师函授学刊,1995(02):05.
③ 约翰·杜威.民主主义与教育[M].王承绪,译.北京:人民教育出版社,2001:49.
④ 约翰·杜威.民主主义与教育[M].王承绪,译.北京:人民教育出版社,2001:49.
⑤ 约翰·杜威.民主主义与教育[M].王承绪,译.北京:人民教育出版社,2001:49.
⑥ 约翰·杜威.民主主义与教育[M].王承绪,译.北京:人民教育出版社,2001:50.

的人为生长而有的特殊适应能力","可塑性乃是以从前经验的结果为基础,改变自己行为的力量,就是发展各种倾向的力量"①。这种可塑性是儿童自身的主动性,儿童是具有学习能力的,从经验中学习的能力,这是一种本能。因此,经验学习是很重要的,儿童暂时的、柔弱的不利状态需要成人给予更多的关爱和"继续不断的养护"。

第二,习惯是生长的表现,习惯养成贯穿教育的全过程。"可塑性乃是获得习惯或发展一定倾向的能力"②,也就是说,习惯是养成可塑性的能力。杜威认为,"习惯乃是一种执行的技能,或工作的效率"③,教育能使个人适应环境的种种习惯,这也是生长的一个重要方面。杜威批判了两种观点:"一种是把习惯等同于机械的和外部的动作模式,而忽视智力和道德的态度;另一种是往往给习惯以坏的含义,把习惯与坏习惯等同起来。"④杜威特别强调了个体的主观能动性,认为习惯不是让人"习以为常"、理所当然、安之若素,而是能够主动地适应环境、改造环境,主动寻找机会。杜威进一步指出,随着年龄的增长,有机体的可塑性、动作的生理学基础会逐渐衰退,人们会变得"厌恶变革,躺在过去的成绩上",只有"充分运用智力"才能阻止这种情况发生。在此,杜威批判了机械反复的训练,这是束缚生长的表现,那只是"求助于机械的常规的反复的练习获得习惯的外表效率"⑤。儿童虽然通过这样的学习和训练掌握了知识技能,以此适应环境,但缺乏理性思考的习惯,只能停留在被动适应的层面。与习以为常的习惯相对应的是主动适应的习惯养成。我们应重视培养儿童理智和情感参与习惯的倾向,使他们能够主动寻找机会、主动适应环境、主动选择改变并创造未来。儿童需要保持积极的情感充分参与到生活的每一个情境中来,将"思维、观察和反思的模式变成各种技能和愿望,一同进入习惯"⑥,从而抵制习以为常的倾向。

教育作用的发挥就是创设促使儿童思维发展的各种情境,提供开放性的发展空间,允许儿童犯错误,对他们的行为偏差保持宽容心理,使其在生长过程中能够充满信心,主动地利用环境进行经验改造,自觉调整行为来

---

① 约翰·杜威.民主主义与教育[M].王承绪,译.北京:人民教育出版社,2001:52.
② 约翰·杜威.民主主义与教育[M].王承绪,译.北京:人民教育出版社,2001:54.
③ 约翰·杜威.民主主义与教育[M].王承绪,译.北京:人民教育出版社,2001:54.
④ 约翰·杜威.民主主义与教育[M].王承绪,译.北京:人民教育出版社,2001:57.
⑤ 约翰·杜威.民主主义与教育[M].王承绪,译.北京:人民教育出版社,2001:58.
⑥ 约翰·杜威.民主主义与教育[M].王承绪,译.北京:人民教育出版社,2001:56.

适应生活,这是一种"包含思维、发明和使自己的能力应用于新的目的的首创精神"①。主动思考和主动适应的习惯养成成为学习的动力系统,不断激发儿童的各种天赋潜能,这是生长的表现。教育过程就是促使儿童不断向前发展的生长过程,习惯的养成和智力的充分运用是分不开的,我们要加之以思考,充分运用智力,不能机械地进行训练。

第三,教育促进儿童的生长与发展,发展的教育意义就是要尊重儿童的生活。无论是未成熟状态的可塑性,还是主动学习、主动思考、主动适应的习惯养成,都蕴含着一种指向未来的积极的建设性力量——生长中的发展。杜威认为生长就是具有发展的能力,他认为教育就是发展,"教育它自身没有目的,它就是它自己的目的。教育过程是一个不断改组、不断改造和不断转化的过程"②。他认为:"生活就是发展;不断发展,不断生长,就是生活。"③生活就是生长,生长就是发展,促进儿童发展就要尊重儿童的生活,我们要积极创设有利条件与良好的生长环境,以便让个体从生活本身学习,更好地得到生长。教育目的就在教育过程之中,教育要遵循儿童的愿望和要求,不能靠外在强加。"学校教育的目的在于通过组织保证生长的各种力量,以保证教育得以继续进行,使人们乐于从生活本身学习,并乐于把生活条件当成一种境界,使人人在生活过程中学习"④,学校教育的真谛就在于培养学生自我生长的能力,离开学校后,教育也不会停止。因此,学术界对"教育即生长"的教育思想有诸多质疑,有的认为杜威没有论述生长的方向性问题。但笔者认为,杜威在论述生长的条件——未成熟状态时,指出了这是一种发展的能力。唯物辩证法认为,发展的实质是事物的前进和上升,是新事物的产生和旧事物的灭亡。因此笔者认为,发展是具有进步、上升性质的变化,杜威的生长概念也是朝着积极的方向前进的,真正的教育应该立足于儿童的个体和生活,唤醒儿童心灵走向远方,为他们开启充满想象力和创造力的智慧之门,为他们的发展提供可持续的力量。

3.生命化教育理念

生命化教育的发起人张文质先生在1993年5月对著名哲学家黄克剑先生做了一次主题为"教育的价值向度与终极使命"的访谈,黄克剑先生在

---

① 约翰·杜威.民主主义与教育[M].王承绪,译.北京:人民教育出版社,2001:61.
② 约翰·杜威.民主主义与教育[M].王承绪,译.北京:人民教育出版社,2001:61.
③ 约翰·杜威.民主主义与教育[M].王承绪,译.北京:人民教育出版社,2001:61.
④ 约翰·杜威.民主主义与教育[M].王承绪,译.北京:人民教育出版社,2001:59.

对话中提出了教育的三个价值向度：授受知识、开启智慧、点化或润泽生命，从此，"一种以生命治学问，以生命统摄教育，以生命成全每一个具体、健全的生命为旨归的新的教育理念开始进入中国教育研究与实践领域"[1]。

第一，生命化教育的含义。

生命化教育是基于生命视野重新认识和理解教育，"着眼于学生生命的长远发展"[2]，认为教育要遵循生命的特性，以生命为起点，以生命本性为准则，不断地为生命的成长创造条件，追寻生命的意义，润泽灵魂，润美人生，促进生命的完善，提升生命的价值。生命化教育是"以人为本"的教育，是成全生命和个性的教育，不仅关注学生的成长，也关注教师的发展。

第二，生命化教育的内涵。

生命化教育提倡"关爱生命、尊重生命"。生命化教育提倡教育要尊重人的天性和独特性，敬重每个不同人的个性；提倡对每个生命耐心、包容、理解、成全，要把人的禀赋中属于他个人的、别人不可替代的、有独特性的、"内在而真实的力量"培育出来，培植人对生命的珍爱，要让每一个人都有过更有尊严的生活的意识，引导人自我完善道德，自我督责心灵，自我提升人格，自我超越境界，对更美好的未来充满期待。

生命化教育提倡用自然、恰当的方式来达成教育目标。要使每个受教育者认识生命并实现生命的意义，教育者首先要解放受教育者，在教育教学活动中要让受教育者在身心上得到放松，给受教育者足够的学习时间、学习空间和学习自主性，让受教育者积极参与学习过程、参与实践，在实践活动中获得知识、能力与生命的滋养。生命化教育提倡开放、灵动、因人而异的教育教学方法，更看重受教育者心灵的觉悟、人生意义的觉悟。

生命化教育强调直面生活，直面经典的范本教育，让受教育者用他自己的方式把亲身经历的生活感受表达出来，鼓励受教育者通过阅读古今中外的经典作品，跟一个又一个范本照面，跟范本中的每一个鲜活的灵魂照面，这种照面是触动心灵的神交，这样的神交过程就是范本教育的过程。

生命化教育的课题实验主要是理念的传播，鼓励教师的实验与自我反思，鼓励教师不断自我教育、自我充实、自我提升，学会用完整的生命观来看待课堂，看待每一个学生，不断在生命的相遇过程中提升自己的教育智

---

[1] 百度词条.张文质[EB/OL].(2020-05-20)[2021-03-20].https://baike.baidu.com/item/张文质/6057194?fr=aladdin.

[2] 郭上达.生命化教育实践探索[D].湖北：华中师范大学，2012.

慧与境界。

第三,生命化教育的实施策略。

"生命化教育"强调"生命的在场","教育是生命的教育,学校是生命的学校"[①]。教育者要平等地对待每一个受教育者,让每一个受教育者都得到锻炼和发展的机会。我们要使受教育者在接受教育的过程中拥有充分的学习自主性,拥有足够的学习时间和空间,把学习的权利还给受教育者。另外,要营造开放的教育教学环境,要将学生从课堂学习、理论学习及封闭式训练中解放出来,让学生在日常生活、家庭、社会、具体的生活实践中进行学习与锻炼,让他们的生命得到真正的成长。受教育者的学习要贯穿于课堂内外,教育者要采取多种途径使学生课堂内外的学习互相补充和强化,从而真正实现自主学习及成长。

生命化教育就是要遵循生命的自然规律,顺应人的天性,充分发展受教育者的特长,将每个受教育者培养成健全的、有个性的人,由于每个生命个体存在着极大的差异性,教育者必须因人而异,采用多样、生动的教学方法和教学手段。教育者要依照学生的个体差异制订不同的教育方案,采用不同的教育手段,扬长避短,使每个受教育者在具体的活动中受到教益;教育者要遵循生命个体的个性,要求教育教学要从书本走向生活、从理论走向实践,让受教育者回归生活,引导受教育者在具体的生活实践中实现生命成长,避免空讲大道理和空洞的理论知识。

学校要提升教育活动的价值,教育活动除了要使每个人的特性与潜能得到充分发挥之外,还应该使每个人内心深处对美好生命的向往与追求得到实现,进而成为一个身心健康、品德高尚之人。教育要让学生的在校学习不仅能提升知识技能,还要提升他们的道德品质、人格力量与生命境界,并将此纳入对受教育者和教育者的考核之中,通过制定受教育者的成长档案,记录受教育者每个阶段的学习情况和生命的成长进程;对学生学习的评价,一要看学生通过学习,他的优势是否得到了发展;二要看学生的生命领悟能力是否得到了提升。

4.新时代对思想政治课教学提出的要求

立德树人是教育的根本任务,思想政治课作为实现立德树人根本任务的关键课程,承担着为党育人、为国育才打下正确的价值观、人生观等思想

---

① 张文质.跨越边界——生命化教育的一些关键词[J].中国校外教育(理论版),2007(1):27-32.

基础的重要使命。

2019年3月18日,习近平总书记在学校思想政治理论课教师座谈会上(以下简称"座谈会")对思想政治课在新时代的使命,及新时代如何办好思想政治课提出了一系列的重要指示,这些指示为我们新时代思想政治课教学指明了新方向,提出了新要求。思想政治课必须遵循这些指示开展教育教学活动。

第一,思想政治课要有"培养担当民族复兴大任的时代新人"的课程目标。习近平总书记在"座谈会"的讲话中指出,"办好思想政治理论课,最根本的是要全面贯彻党的教育方针,解决好培养什么人、怎样培养人、为谁培养人这个根本问题""我们党立志于中华民族千秋伟业,必须培养一代又一代拥护中国共产党领导和我国社会主义制度、立志为中国特色社会主义事业奋斗终身的有用人才。在这个根本问题上,必须旗帜鲜明、毫不含糊"[①]。这段讲话开宗明义地对思想政治课的功能、定位作了清晰的阐述,为新时代办好思想政治课指明了方向。思想政治课教学为谁培养人,培养什么样的人,有了明确的方向,围绕人才培养的目标,思想政治课教学找准自己的定位,根据这样的目标,思想政治课教学过程的课程理念、课程实施、学习评价等问题也就有了明确的发展导向,需要随之调整。

从小学到初中、高中,再到大学,不同学段的思想政治课程形成了体系化的思想政治理论课,共同实现培养有担当、有作为、具有新时代特质、能实现中华民族复兴大任的"时代新人"。这给思想政治课教育教学的目标指明了方向,学生通过思想政治课教学的学习,要学会成为"时代新人"所需要的要素:如掌握必要的政治理论知识,并明白自己在所处时代的担当和任务,认同党、认同国家,具有一定的政治素养,掌握为人民、为社会、为国家服务的本领;要懂感恩、热爱国家、热爱人民、热爱中国共产党,具有为中华民族伟大复兴奉献终身的信仰和情怀。这样的人既体现出时代的特质,又可德智体美劳全面发展。这就要求思想政治课的不同学段、不同模块、不同课时教学目标要随着这样的要求而进行进一步的提升,以实现在促进学生全面发展的过程中培养学生对国家、民族的认同等素养。

第二,思想政治课要有"思想性、理论性和亲和力、针对性"的发展方向。习近平总书记进一步指出:"思想政治理论课是落实立德树人根本任

---

① 用新时代中国特色社会主义思想铸魂育人,贯彻党的教育方针落实立德树人根本任务[N].中国教育报,2019-03-19(01).

务的关键课程"①,对思想政治课课程的重要性进行了定位。思想政治课具有较强的政治性、思想性,决定了思想政治课教学要在原来的基础上进一步根据新时代的要求进行改革创新,提升思想政治课教学的实效。习近平总书记在座谈会上强调"推动思想政治理论课改革创新,要不断增强思政课的思想性、理论性和亲和力、针对性",并明确提出思想政治课要坚持"政治性和学理性相统一""价值性和知识性相统一""建设性和批判性相统一""理论性和实践性相统一""统一性和多样性相统一""主导性和主体性相统一""灌输性和启发性相统一""显性教育和隐性教育相统一"②八个方面。这是习近平总书记对思想政治课在新时代实现培养"时代新人",思想政治课教学改革创新的新期待、新要求,推动着思想政治课教学在理论和实践方面的进一步发展。

思想政治课的教学者要根据思想政治课教学的实际,聚焦思想政治课在理论、实践、方法、主体、课程等方面的全要素教学,针对时代的要求和学生成长的实际需要,大胆改革,勇于创新,努力提升思想政治课教学的实效,以实现培养"时代新人"的目标。

第三,根据学生"拔节孕穗期"的特点开展工作,学生处于思想政治课教学的中心。习近平总书记在2019年3月18日的思想政治理论课教师座谈会上明确指出:"青少年阶段是人生的'拔节孕穗期',最需要精心引导和栽培。"③"在大中小学循序渐进、螺旋上升地开设思政课非常必要,是培养一代又一代社会主义建设者和接班人的重要保障";"要把统筹推进大中小学思政课一体化建设作为一项重要工程,推动思政课建设内涵式发展。"④思想政治课教师要按照学生身心发展的规律、学习认知的规律开展教学,处理好不同学段的知识的难度、深度与广度,渐进式、分层次地开展思想政治课教学。这就要求思想政治课教师在开展教学时要认真分析学情,根据学生的需要和所处阶段的身心发展、学习认知的规律进行教学设计,开展

---

① 用新时代中国特色社会主义思想铸魂育人,贯彻党的教育方针落实立德树人根本任务[N].中国教育报,2019-03-19(01).
② 用新时代中国特色社会主义思想铸魂育人,贯彻党的教育方针落实立德树人根本任务[N].中国教育报,2019-03-19(01).
③ 用新时代中国特色社会主义思想铸魂育人,贯彻党的教育方针落实立德树人根本任务[N].中国教育报,2019-03-19(01).
④ 用新时代中国特色社会主义思想铸魂育人,贯彻党的教育方针落实立德树人根本任务[N].中国教育报,2019-03-19(01).

课堂教学,组织实践活动和探究学习,抓住学生成长的每个发展时机。

习近平总书记对青少年处于"拔节孕穗期"的农业生态隐喻,蕴含着习近平总书记对青少年成长的价值判断和对教育价值的深切期望。他借助"节""穗"等植物生长的生动描述,描绘出青少年成长的阶段性、成长性的特点。这就要求新时代的思想政治课教学,不仅要充分意识到学生在"节""穗"层面上的阶段性表征,而且还要依据"节""穗"实现因材施教、因生制宜、因势而变,引导学生实现思想、知识与能力上的"拔节""孕穗",达成立德树人的根本任务。

第二节 "生·长"的教育价值

"生·长"教学主张,不是为了哗众取宠,博人眼球,是在从事将近三十年思想政治教育教学工作的基础上不断学习,在教育教学实践及研究的基础上所进行的思考和总结,是建立在思想政治课学科教学特点和思想政治学科的"课程标准"和新时代思想政治教育教学新要求的基础上的。目的是更好地提升思想政治课教学实效,为培养有担当、有作为、具有新时代特质、能实现中华民族复兴大任的"时代新人"打下牢固的思想基础。

一、契合学生生长

"生·长"教学主张是在长期的实践中生成的,所蕴含的内容是与现代教育发展的要求相契合的,与思想政治学科教学要求相一致的,符合学生健康成长需要的。

从"生·长"教学主张的内涵分析,"生·长"教学主张的"生"包含着生命、生活和人生三层含义。一方面,"生长"本身就包含着生命的隐喻,生长就是生命的状态,它包含着从小到大,从不成熟到成熟等等的发展过程,学生的思想道德品质也是一个逐渐发展的过程,焕发着生命的底色;另一方面,思想政治教育教学活动要以生命为基点,把生命的本质、特征和需要体现在教育过程之中,使教育教学活动尊重生命的需要,完善生命的发展,提升生命的意义和目的。为了实现学生生命意义上的成长,我们要尊重学生的生命个体的独特性和不成熟性,根据学生身心发展特点,"从学生实际出发并将初中学生逐步扩展的生活作为课程建设与实施的基础;注重与社会实践的联系,引导学生自主参与丰富多样的活动"①,"关注思想政治学科核心素养的培育,坚持教育与生产劳动和社会实践相结合,着眼于学生的真实生活和长远发展……"②,立足于生活,从学生身边的生活出发,引导学生认识生活、关注生活,并回到生活中,在认识、体验与践行中促进正确思想观念和良好道德品质的形成和发展,为学生的人生幸福奠基,"在人生成长的道路上把握正确的思想政治方向"③。在"生命""生活""人生"三个内容中,生命是主体,是中心,包含着对学生生命独特性的认知;生活是过程,是内容,也是手段,更是思想政治教育的起点和回归点;"人生"是为了学生终身发展奠基,包含着"着眼于学生生命的长远发展",要"培育政治认同、科学精神、法治意识和公共参与等核心素养,逐步树立共产主义远大理想和中国特色社会主义共同理想,坚定中国特色社会主义道路自信、理论自信、制度自信、文化自信,基本形成正确的世界观、人生观、价值观"④。

(一)"生·长"教学主张与课程教学目标一致

"长"包含"成长"和"长程"两层含义。"成长"是指学生通过思想政治课学习"长知识懂礼义""长事理明是非""长思想会报恩""长信仰有情怀";"长程"是指学生的成长过程,学生成长是长期的过程,教育教学要关注学生的终身发展需要和社会发展需要,教师要关注影响学生未来发展的本质性、基础性的学科核心素养的培养。如初中思想政治课——"道德与法治"的课程标准提出学科的教学目标是"引领学生了解社会、参与公共生活、热爱生命、感悟人生,逐步形成正确的世界观、人生观、价值观和基本的善恶、是非观念,过积极健康的生活,做对社会、国家、世界有见识和负责任的合格公民";普通高中思想政治课程的目标是"学生能够具有思想政治学科核

---

① 中华人民共和国教育部.义务教育思想品德课程标准(2011年版)[M].北京:北京师范大学出版社,2011:1.

② 中华人民共和国教育部.普通高中思想政治课程标准(2017年版2020年修订)[M].北京:人民教育出版社,2020:2.

③ 中华人民共和国教育部.普通高中思想政治课程标准(2017年版2020年修订)[M].北京:人民教育出版社,2020:2.

④ 中华人民共和国教育部.普通高中思想政治课程标准(2017年版2020年修订)[M].北京:人民教育出版社,2020:1.

心素养",达成这个教学目标,需要教师在思想政治教育教学活动中,让学生实现"长知识懂礼义""长事理明是非""长思想会报恩""长信仰有情怀"的要求,这四个要求是逐层递进的,是对思想政治学科课程目标实现的具体的、简约的标的,其中所蕴含的内容与前面所述的学科目标内容一致。以初中为例,学生要通过思想政治教育教学活动,掌握课程规定要掌握的学科知识,认识和理解基本的政治理论和原理,以此为基础,教师要进一步引导学生理解所学知识与社会生活各方面的内在关系和具体表现,领会自己与他人、自己与集体、自己与国家等的关系,形成较为稳定的观念和意志;让学生对周围的人和事、对国家、对社会形成正向积极的情绪体验,心怀感恩,立志为社会、国家、他人服务和贡献自己的力量;在明白知识内容之间的逻辑,以及知识与生活现象之间的关系等基础上,学生形成思考问题、认识问题的思维模式,形成正确的观念意识与意志品质;促进学生形成正确的价值判断和价值追求,即形成"正确的世界观、人生观、价值观和基本的善恶、是非观念",这些内容是一个有机融合的整体,彼此促进,互相渗透,体现在学生身上就是思想政治学科的核心素养要求,也就是学生学习了思想政治课后,面对真实的情景能自主作出正确的价值判断和行为选择。

(二)"生·长"教学主张与课程性质定位一致

"生"是对思想政治课教育教学的教育理解的简约表述,"长"是对思想政治课教育教学目标的实践表达。"生"与"长"虽然具有各自不同的内涵和解读,但它们又是一个整体,都要实现"生长"的目标。这二者与思想政治课程标准中对课程性质的定位是契合的,能体现出思想政治课教学的"思想性、人文性、实践性和综合性"的特点。如"生"中的学生就是对"根据学生身心发展特点,分阶段分层次""尊重学生学习与发展规律,体现青少年文化特点""用初中生喜闻乐见的方式组织课程内容、实施教学"的高度概括,我们在开展思想政治课教学时要心中有学生,一切为了学生的成长,尊重学生的个体差异等;"生"中的"生活"是课程标准中课程性质提出的"从初中生的生活实际出发,将初中生逐步扩展的生活作为课程建设与实施的基础;注重与社会实践的联系,引导学生自主参与丰富多样的活动""与初中生的社会生活、学校生活和家庭生活紧密联系,是对学生在这些领域中的体验、认识和遇到的问题所进行的梳理、加工和提炼"。这些也是一致的,它是这些要求的凝练。以上二者又同时具有"生命"的意蕴。"长"的六个方面的内容是对"用优秀的人类文化和民族精神陶冶学生心灵,用社会主义核心价值体系引领学生发展,提升学生的人文素养和社会责任感""对初中生进行爱祖国、爱人民、爱劳动、爱科学、爱社会主义教育,帮助青少年树立正确的世界观、人生观和价值观""在认识、体验与践行中促进正确思想观念和良好道德品质的形成和发展""以认识自我、我与他人和集体、我与国家和社会为主线,对道德、心理健康、法律和国情等多方面的学习内容进行有机整合"等要求的具体表达,用"长"一词概括更方便老师们把握和理解思想政治教育教学工作的性质,并在课堂教学中实施。

二、符合教育规律

"生·长"教学主张严格遵循习近平总书记在"座谈会"上提出的"八个统一"的思想政治课改革创新要求,更加强化以下几个方面要求,进一步提升思想政治课教育教学的育人实效。

第一,更突出思想教育的功能。要在思想政治课教育教学上进一步推动学生思想的发展,强化思想政治课教学的思想引导功能,"引导学生辨识纷繁复杂的社会思潮,提高对正确思想的识别能力、对错误思想的自觉抵制能力,在夯实思想基础的过程中提高学生的思想判断力、洞察力与敏锐度"[①]。这是学生"长"的重要内容和能力要求,"长知识懂礼义""长事理明是非""长思想会报恩""长信仰有情怀"这些关于"长"的内涵解读是从思想政治教育的目标和内容进行的解读。

第二,更突出理论联系实际的原则。思想政治课不要仅仅讲述空洞的理论,要进一步贯彻理论联系实际的原则,从学生的日常生活出发,从学生所处的社会出发,通过结合身边的生活让学生实现从感性到理性的发展,帮助学生理解政治理论知识,并通过"研究性学习""活动课"等学习方式,引导学生学会用所学的政治理论知识、原理解释、分析和解决生活中的现象和问题,理论学习和实践相结合,提升学生的政治素养。

第三,更突出学生立场,关注学生的生命成长。学生是思想政治教育教学的主体,思想政治教育教学活动要具有学生立场,要从学生的实际出发,符合学生的身心发展规律,关注学生的情感体验,课程教学与学生学习

---

① 用新时代中国特色社会主义思想铸魂育人,贯彻党的教育方针落实立德树人根本任务[N].中国教育报,2019-03-19(01).

之间的关系不是冷冰冰的被动关系,而要更接近学生,更符合学生的思维方式与表达方式。思想政治教育教学过程是思想引导、观念转化、理念识别、行动探索等不同环节的落实,实现教学内容内化于心、外化于行的过程,实际上都要具有明确的针对性,或通达科学的理论道路,或明辨繁复的社会现象,或强化学生的道德认知。因而,思想政治教育教学要避免盲动性、模糊性,努力做到有的放矢、对症下药,在具体操作过程中要着力形成科学的指向性、鲜明的针对性。

以上是"生·长"教学主张所倡导的,也是实践要求的具体表达,更是在新时代要进一步加强的内容。这种表达方式将思想政治教育教学要素简约、直接地表达出来,更容易被教育教学一线的思想政治课教师理解、接受,老师们能在理解的基础上更好地实践。

第四章
"生·长"之育

"生·长"教学主张在思想政治教育教学实践中如何落实,关键要弄清楚"教"与"学"的关系。对"'教'与'学'二者关系的理解回答,是'生·长'教学主张的核心问题。因为,'教'与'学'是学校教育中最为核心的一对范畴"[①]。主宰教与学的关系、引导教与学的具体行为的是对教育的理解和对教育价值的追求。教师怎么"教",学生怎么"学",反映的是学校和教师不同的教育价值追求,教与学二者之间彼此相辅相成、互相促进,是教学理论研究和实践的基本问题,反映了教学过程的本质。对教与学、教师与学生的关系因为教育价值追求的不同而存在各种不同的看法。有的认为在教育教学工作中,应该是教师为主体,学生要在教师的主导下进行学习,学生的学习内容和学习方式都由教师主导,学生围绕着教师开展学习活动,教师的教学方式采用讲授等灌输式,学生成了被动接受知识的容器,学生的学习处于被动状态,学生的学习积极性不高,学生的知识学习和能力提升效果不佳;另一种看法则是认为学生是教育教学的主体,要充分调动学生的学习积极性和主动性,通过各种教学手段,让学生主动参与知识的学习建构过程,提高学生的学习热情和学习兴趣,变被动学习为主动学习,提高学习的效率和质量。

"生·长"教学主张认为教与学是和谐的相互促进的关系,教师与学生形成共同成长的共生体。教师是学生学习的设计者、组织者、引导者;学生是学习的主体,是学习的主人,教师要根据学生的个性特征、成长需要设计课堂教学的学习方式,设计引导学生开展活动探究、主体学习等,激发学生的学习兴趣,提升学生学习积极性,为学生成为"时代新人"打下良好的基础,这是"生·长"教学主张的"生"所倡导的。在思想政治教育教学中的教

---

① 方展画,弓静."教"与"学":学校教育的博弈与回归[J].教育研究,2018(10):93.

与学关系,教师的教和学生的学必须基于真实的生活情境,教学内容紧密联系学生身边的生活实际,根植于学生身边的真实生活场景开展教学和学习活动,让学生从身边的生活学会观察、思考,在知识建构的过程中,理解思想政治课的原理和知识,并在学习、理解的基础上能将所学的知识和原理用于解决和回答生活中遇到的问题,使自己在面对生活的真实情境时能作出正确的判断和行动,形成正确的价值观、人生观,达成党和国家需要的人才培养目标。

基于此,在长期的教学实践中,笔者围绕"生·长"教学主张开展教学研究和实践,开展了"小先生"式的学生自主学习组织方式,深入思考和实践如何根据学生的身心发展规律和思维发展规律,让思想政治课教学的枯燥理论生动起来,让学生"乐学",并尝试开展了活动课的教学,引导学生开展活动探究学习和主题学习,促进学生形成思想政治教育教学的核心素养。

第一节　应用自主学习模式

教师"教"的目的在于促进学生更好地掌握知识,形成技能,提升智力和能力,培养学生正确的价值观、人生观和良好的道德品质。学生的"学"是为了知识掌握得更丰富、更扎实,激发学生积极、主动地去建构和形成相关的知识体系,激发学生的独立个性和创造性,让学生"在知识学习过程中体验到快乐,体验到成长的愉悦"[①],以更好实现教育教学的目标。

"知之者不如好之者,好之者不如乐之者"[②],激发学生对学习的内在需求是教学的第一要义,这就需要在教学过程中教育者具有学生立场,能尊重学生在课堂教学中的主体地位。2001年开始的新一轮课程改革,学生立场的理念深入人心,教育教学活动从学科本位、知识本位转向关注每一个学生的个性发展。思想政治教育教学活动思想政治教育教学活动中,"教师要善于利用并创设丰富的教育情境,引导和帮助学生通过亲身经历与感悟,在获得情感体验的同时,深化思想认识。教师还要为学生提供直接参

---

① 方展画,弓静."教"与"学":学校教育的博弈与回归[J].教育研究,2018(10):93.
② 杨伯峻.论语译注[M].北京:中华书局,2012:86.

与实践的机会,提高他们道德践行能力"①为此,笔者和当时所在的厦门市槟榔中学的全体思想政治课教师一起,尝试着在初中思想品德课教学中以"小先生"为驱动,一方面充分发挥学生的学习主体地位,另一方面实现对学生自主学习能力的培养的实践研究,形成了"小先生"式课堂自主学习的组织方式,取得了较好的效果。

一、"小先生"式自主学习的含义

"小先生"出自陶行知先生提出的"小先生制"。"小先生"式课堂自主学习是在初中思想政治课堂教学中让学生带着"教"其他同学学习的任务开展自主学习,学生以学习带领者("小先生")的角色出现在课堂上,以学生教学生这种"小先生"形式实施,推动学生开展自主学习的教学组织方式。"小先生"只是这一组织方式实施的驱动力,让学生通过"做中学"开展自主学习,提高学生的自主学习能力才是落脚点。

"小先生"式的自主学习组织方式是一个外在教育、内化教育、外化教育相统一的过程;是一个课内、课外教育相结合的过程;是知识、思想、情感、行为、品德培育的过程,是知、情、意、行转化的过程,它在课堂教学中尊重学生,尊重学生的特长和兴趣,尊重学生的个性化和多样性,通过让学生扮演和完成"小先生"的任务,努力寻找适合学生的教育方式,激发学生的学习兴趣,使学生成为学习的主人,是"生·长"教学主张在思想政治课堂教学组织方式的探索和实践。

二、"小先生"自主学习的理论依据

"小先生"自主学习的课堂教学组织方式是最近发展区理论和建构主义学习理论在思想政治课堂教学中的具体运用。

(一)最近发展区理论

苏联心理学家维果茨基认为:儿童有两种发展水平,一种是儿童现有的发展水平,一种是在有指导的情况下,借他人帮助所能达到的水平。这

---

① 中华人民共和国教育部.义务教育思想品德课程标准(2011年版)[M].北京:北京师范大学出版社,2012:18.

两种水平之间的差距就是最近发展区。而教学就是在别人的帮助下,消除这种差距。教学创造着最近发展区,第一个发展水平与第二个发展水平之间的动力状态是由教学决定的。根据上述思想,维果茨基提出"教学应当走在发展的前面"。这是他关于教学与发展关系问题的最主要理论。也就是说,教学决定着智力的发展,这种决定作用既表现在智力发展的内容、水平和智力活动的特点上,也表现在智力发展的速度上。怎样发挥教学的最大作用,维果茨基强调了"学习的最佳期限"。在某一年龄阶段,儿童会表现出对某一事物或活动特别敏感,或者产生一种特殊的兴趣爱好,学习也特别容易进步,是学习该事物的最好时期。

(二)建构主义学习理论

建构主义学习理论认为理解依赖于个人经验,即由于人们对世界的经验各不相同,人们对世界的看法也必然会各不相同。知识是个体与外部环境交互作用的结果,人们对事物的理解与个体的先前经验有关,因而对知识正误的判断只能是相对的;知识不是通过教师传授得到,而是学习者在与情景交互作用的过程中自行建构的,因而学生应该处于中心地位,教师是学习的帮助者。

三、"小先生"式自主学习在初中思想品德课堂的实施

"小先生"式自主学习组织方式从初中思想品德课的课程内容和课程特点出发,结合初中学生的身心发展特点和思维发展特点,在课堂教学中主要有以下三个部分的操作内容。

(一)时事报告

教师安排一名学生在每节思想政治课上课之初的五分钟内进行时事播报,全班同学按顺序轮流进行,通过时事播报的形式引导学生关注发生在近期的国内外时事,并尝试着用自己所学的知识和原理对这些时事进行简要的分析。具体做法为:让学生根据自己的兴趣将近期国内外发生的重要时事进行报告。要求学生必须搜集国际时事、国内时事和本地时事各一条,以图片、视频和文字的形式,通过制作PPT来向同学报告,并结合学过的思想品德课理论对所播报的三条时事新闻进行点评。在学生报告和点评的基础上由其他同学和老师来谈感想并进行点评。学生根据自己的兴

趣收集相关的时事新闻,并谈谈自己对所播报的新闻事件的思考和认识。一方面,教师可引导学生关注生活,认识生活,思考生活,通过生活活化他们学到的知识;另一方面,学生选择的新闻是他们感兴趣的,他们自主向同学展示、分享,充分尊重了他们的主体地位和自主性。在学生展示、分享结束后,教师可进行点评,对学生思考不全、不周甚至不对的地方进行及时的补充和修正。

(二)教学内容

教学内容是教与学的核心内容,是教师根据课程标准的要求和教材的知识点组织学生学习的重点内容。这也是"小先生"式自主学习组织方式的实施重点。具体操作方式如下:新学期伊始,教师选择教材中的有关操作、探究、分析、运用、拓展类等属于方法性知识的教学内容,把这部分内容根据教学进度分解成不同的主体,并把每一个学习主题布置给学生,作为自主学习的内容,学生以学习小组为单位选择自主学习的课题,教师在布置自主学习的课题时,要对学生的自主学习作具体的要求,如填写"讲台初体验"、制作课件、写简要的发言提纲、对自己将组织其他同学学习的内容和学习形式进行梳理,让学生明确学习目标和任务,让学生的自主学习具有可操作性。教师根据进度,安排在课外时间听学生汇报他们所负责的自主学习主题的开展情况。教师根据学生自主学习开展的情况,指导学生进行教材分析,寻找适当的教学资源,选择活动方式和制作、修改课件;指导学生学会选择自主学习的资源,寻求帮助,顺利地开展自主学习。

学生自主学习活动要求[①]

一、选择课题

根据《自主学习活动作业及要求》,各学习小组选择一个课题,并报学科代表进行登记。若有冲突,以有社会资源者为主进行适当调整。

二、分工

组长组织成员学习"活动要求",合理分工并做登记。

如:张某:采访祖辈或父母,并在全班进行汇报;

[①] 这个阶段笔者所在的地区使用的教材是粤教版的《思想品德》教材,所以有关的教材内容都是以粤教版初中《思想品德》来表述的。"学生自主学习活动要求""学生'自主学习'指南""讲台初体验"是厦门市槟榔中学政治组全体教师共同的智慧结晶。

林某：收集家中不同时代的照片，在全班展示；

王某：梳理知识，完成82页的思考题，并制作成课件发送给组长；

陈某：汇总全组成员的材料，进行整合，写出课堂组织过程，进行课件修改或完善，并组织教学。

三、探究性学习步骤及要求

（一）自主学习

(1)阅读课文相应章节的内容，特别是"心灵导航"部分，梳理相关知识点，明确本课学习目标，并在课本中做好标示。

(2)重点把握、突破学习重点和难点。

(3)通过各种材料和途径进行探究，体验"心灵导航"前后的活动。

（二）小组分工

对本课目标任务进行分解，可以根据自己的兴趣点和特长，承担任务。

（三）自主探究

根据学习目标，认真完成自己所承担的任务，并思考如何引领全班同学共同完成本环节的学习。

（四）整合资源

将自主探究成果，如资料、活动方案、课件等，与小组同学交流。小组成员根据学习目标要求，对每个人的自主探究成果进行分析、取舍，整合有效学习资源，以课件形式上交给老师。

（五）教师指导

小组发言人（"小先生"）将预设的组织学习过程写在"讲稿提示"上，提前一周与老师讨论课堂的组织方式与活动过程，以获得指导和帮助。

（六）走上讲台

"小先生"组织全班同学参与课堂学习活动，完成学习目标。（25～30分钟）

温馨提示：

(1)同学们是整个课堂学习活动的主人，你是他们的学习伙伴和组织者，引领同学学，但不包办代替。

(2)活动设计要为学习目标服务，形式可多样化，充分调动同学的学习积极性，通过提问与回答、小组讨论、案例研讨等形式，引领同学完成学习目标。

（七）填写"讲台体验"

略。

四、讲稿提示范例

"我和父母"一课中一活动环节见表 4-1。

表 4-1 "我和父母"活动环节

活动主题	"爱的回忆"
活动意图	通过回忆,感受父母对自己的呵护,体会父母的爱
活动内容	同学相互展示"家庭照片",并向大家介绍发生在自己与父母之间的感人故事
相关知识点	[心灵导航]父母赋予我们生命,关爱我们成长

五、材料的收集

1. 收集要求

从不同角度进行材料收集(小组成员必须做好分工)。

2. 内容要求

(1)观点正确、积极向上、有逻辑性;

(2)一定要围绕主题,不偏题,为学习目标服务;

(3)收集的材料符合"三求"理念,即求真、求新、求近。真:一定要真实,有说服力;新:有时代感、时尚,以最近发生的为佳;近:贴近同学生活实际和社会生活,以来自同学生活实际的事例为佳。

3. 形式

呈现形式最好能多样化,直观具体(可以是文字、图片、照片、表格、音频、视频等),以音频、视频、图片为佳。

4. 整理(收集的材料一定要整理,指定专人对材料进行整理,质量才会高)

(1)注意材料的有效性,一定要认真阅读所查资料,去粗取精,把握重点,言简意赅;

(2)对材料要进行分类、归纳、对比等处理,若有数据,可以用表格、曲线等形式展示,直观、易理解。

六、课件制作要求

(一)内容

内容要求观点正确、有逻辑性,层次分明,环环相扣,为教学目标服务。

(1)材料收集:小组成员必须做好分工,每个人从不同角度进行材料收集,不雷同。

(2)一定要围绕主题,不偏题;一定要真实,有说服力。重点突出(可用不同色彩、加下画线等形式将材料中的重点突出出来),适当讲究技巧,有观赏性和艺术性。

(3)呈现形式多样化,直观具体(可以是视频材料、文字资料、图片、照片、表格等)。

(4)材料的整理:

第一,注意材料的有效性:去粗取精,把握重点,言简意赅。

第二,对材料要进行分类、归纳、对比等处理,若有数据,可以用表格、曲线等形式展示,直观、易理解。

第三,将材料中的重点突出出来(可用不同色彩、加下画线等形式突出重点)。

(二)背景

背景要求朴素,背景或插图一定不要喧宾夺主,但可适当点缀。

(三)文字

文字要求最小用 28 号字,加粗。

(四)文件的命名

文件的命名要求以"班级—姓名—课题"的形式,如:3 班张某 5·1 探究园之"新闻回放"。

(五)作业缴交

将收集的材料做成课件,于上课前一周以邮件方式发给老师,并保持联系,确认你的邮件传达到位,并做好组织学习的准备。

老师邮箱: 电话:

请小组成员互留联系方式:

表 4-2 联系方式

姓　名	电　话	邮　箱

我们通过以上具体要求,指导学生开展自主学习,从选题到怎么开展小组合作的自主学习,再到如何做课件,提交自主学习成果,与教师进行互

动,获得教师指导等具体环节都做了具体的规定,使"小先生"式自主学习的开展具备了较好的基础和条件。

考虑到学生的知识结构和年龄特点,他们对课程内容、教学知识点的把握可能还存在不准确或不到位的情况,教师对每个自主学习的内容提出具体的要求,给学生提供了"自主学习指南":一方面提供给负责组织自主学习的小组指南,另一方面也为其他同学的自学提供帮助,让学生准确地把握自主学习内容的方向和知识点。

学生"自主学习"指南

3.3 竞争与合作

要求:

(1)阅读71~78页,尤其是"心灵导航",明确本课的学习目标。

课标要求:理解竞争与合作的关系,能正确对待社会生活中的合作与竞争,养成团结合作、乐于助人的品质。

该项内容的教学要求是在正确理解竞争及其与合作的关系的基础上,提高团结合作、乐于助人的意识,增强养成团结合作、乐于助人的品质的自觉性。

竞争,通常是一种激发自我提高的动机的活动形式,在这种活动中,个人为了取得好成绩而与别人展开较量。合作,则是一种集体活动,在这种活动中,大家相互协作,以期达到某个共同的目标。竞争与合作,两者都意味着在同一集体中的个人之间的广泛的相互作用,而并非执行与他人无关的个人活动。

人们对竞争的评价是多种多样甚至变化无常的。其主要原因是,竞争既有有利的一面,又有有害的一面。

竞争有利的一面是,它能激发个人的努力,提高工作效率,能进一步提高个人志向水平,能缩小能力与成绩之间的差距。有研究表明,学生在竞争的条件下往往能更加努力地学习与工作,而且,他们对男女生之间、小组之间、班级之间的比赛等竞争情境都能作出积极的反应。他们在与其他同学的竞争中,通过比较,获得了对自己实际能力的估价,并能较好地发现自己的局限性和尚未显示出来的潜力。竞争还可以使集体的生活变得更富有生气,增强学习与活动的乐趣。

竞争也有有害的一面。在某些情况下,竞争可能会引起过分紧张和焦虑,从而抑制学习。当竞争走向有害于身心这一极端时,它可能会引起能力差的人的不能胜任感,从而迫使他们从不能胜任的活动中退缩出来,降低他们在集体中的地位以及他们的自尊水平。竞争也可能导致紧张、敌对、报复等消极的集体气氛产生。

竞争确实是学校和社会生活中不可缺少的一部分,但合作也是学校和社会生活中的重要内容。为了适应社会,为了在社会生活中更顺利地发展,我们既需要学会竞争的技巧,也需要掌握合作的本领。因此,在任何时候、任何场合,我们都应当强调真正的有价值的目的,强调两者之间的相互补充,不能让不当的竞争方式破坏了合作,使人们彼此对立。

(2)梳理相关知识点、确定学习重点和难点。

(3)根据学习目标,整合课本及个人生活或社会生活中的多种资源,思考如何引领同学完成学习任务。

(4)将预设的组织学习过程写下来,每个过程应包括"活动目的""活动要求"及"活动素材"。

4.1 关爱社会

活动一:"实践与评价"

要求:

(1)阅读80~87页,尤其是"心灵导航"第一节,参考《顶尖》"知识平台""自学提示",明确本课的学习目标,梳理相关知识点,确定学习重点和难点。

(2)完成85页"实践与评价"——提笔思考:"改革开放以来我家的变化",可采访父母或祖辈,收集不同时代的照片、工资条、购物证等,用数据和图片来说明问题。(参见80~81页"材料透视")

(3)利用自己收集的材料,思考如何展示并引导同学参与学习。

(4)将预设的组织学习过程写下来,每个过程应包括"活动目的"、"活动要求"及"活动素材"。

(5)制作课件。

(6)走上讲台,组织课堂学习活动。(10分钟)

(7)填写《讲台初体验》。

上课时,学生在自主学习的基础上,根据自己的准备,按照自己的设计组织同学共同学习所负责的自主学习的内容。"小先生"上讲台,须完成以下教学任务和要求。

1.知识点的讲解

(1)内容正确、处理得当:重点突出,难点讲透,尽量不留疑点;

(2)思路清晰,有逻辑性;

(3)仪态大方,声音响亮。

2.课堂自主学习组织

(1)充分调动同学的学习积极性;

(2)充分挖掘各种资源,如课本、课外研讨活动的成果等为课堂服务,合理安排活动环节,引导同学领悟知识点,达到教学目的;

(3)维持好课堂纪律,全班同学应给予积极配合,"小先生"可以利用平时的课堂评价表进行奖惩,小组整体的合作性与参与度也将影响个人评价。

每堂课,教师让学生留下5~10分钟的时间,根据情况对当堂学生自主学习的情况进行点评,对学生组织学习不到位、没弄清楚的知识点进行指导和补缺补漏。为了激发学生的学习积极性和参与意识,我们还设计了自主学习评价表,组长根据成员在活动中的参与热情、合作态度和所提供活动成果的有效性对每位成员进行评价。由教师和其他同学组成的"评委"对该小组进行综合评价。课后学生填写《讲台初体验》(表4-3),教师指导和帮助学生反思自主学习的效果。

表4-3 讲台初体验

班级		座号		姓名	
课题					
我给同学讲什么?					
我怎么给同学讲?					
我的酸甜苦辣					
下次怎么做会更好					
自我评价					
老师寄语					

在操作的过程中,我们发现这种模式的自主学习在心理、国情部分的开展情况比较好,学生通过教师提供的指导材料能够比较准确地对当堂的知识点进行组织学习;而法律部分学生的理解则相对不足,教师必须花比较多的时间进行课前指导及课后的补充,这与法律部分知识比较抽象及学

生的思维水平有关。

（三）复习和试卷讲评

把"小先生"式自主学习组织方式扩展到复习课和试卷讲评，让学生根据自己的理解，从自己的视角对学习过的知识进行梳理并构建体系。在考试过后的试卷讲评中，让学生总结在考试中出现的问题和错误，让学生从自己的视角进行分析，谈问题的成因和下一步解决的思路和方法，让学习的提高建立在学生的最近发展区上，更容易引起学生的共鸣和理解。

四、"小先生"自主学习方式的成效

（一）教师的教和学生的学发生了实质性的变化

在"小先生"式课堂自主学习组织方式中，学生和教师的地位真正发生了转变。学生通过完成"小先生"角色的任务驱动开展自主学习活动，展示自己的学习成果，达到培养自主学习能力的目标，学生在这个过程中真正成为学习的主人。老师在安排每个学生完成自主学习课题，检查、督促和帮助学生开展自主学习并在学生实施"小先生"教学展示之后进行评价和补充的过程中发挥自己作为学生学习的组织者、管理者和参与者的作用。

（二）学生的个性得到张扬

学生因为要汇报自主学习效果并组织同学学习这部分内容，需要解读教材文本，梳理教材的教学知识点，要思考如何让其他同学理解相关的内容，用学生的视角来突出教学重点，突破教学难点，要用生活中身边的事例和现象来说明和解释知识点，学生理论联系实际的水平大大提高，较好地解决了知识学习过程中被动性接受的问题。在自主学习的过程中，同学根据自己的特长对学习方式做了安排，有游戏、有辩论、有故事会等，同学在笑声中、在激扬自己的个性中实现了教学目标，课堂轻松愉快，提高了学生的积极性和学习兴趣，提高了课堂学习的效率。学生在自主学习的过程中对教师每一节上课备课的辛苦有了切身体会，在自主学习小组的反思中，学生的交流反映最多的就是这一点，很多同学在参与过后发出感慨："以前想当然地认为老师上课很容易，自己尝试了之后才发现其中的艰辛。"

(三)学生的思想品德课学习效果大幅度提高

学生的学习效果不仅表现在思想品德课学习成绩的提高上,还表现在思考能力和水平的提高上。学生运用思想品德课学过的理论观点分析问题、解决问题的能力有了大幅度的提高,更关注身边的人和事,对社会发生的问题参与思考和讨论的能力有了大幅度的提高。

五、"小先生"自主学习方式的反思

(一)立足于学生的实际是基础

第一,目标要求定位适当。只有在学生的"最近发展区"内设置学习目标,才能让学生保持信心,激起学习的兴趣。教师要求太高,会让学生望而生畏,甚至放弃参与学习活动。当然,学习目标也要有一定的弹性、空间,以满足不同层次学生的学习需求。第二,提出的要求要明确、具体、可操作。教师的要求越明确、越具体,可操作性就越强,学生就能更快地掌握相应的学习方法,增强课堂自主学习活动的实效性。第三,提供范例,做示范性指导。如"时事报告",选取以前学生的"时事报告",让七年级学生思考,哪些是值得学习的?哪些还可以改进?这样一来,学生有了直观感受,就能更好地理解活动的目标要求,很快就摸到路径,懂得如何去做。

(二)激发学生的学习需求是重点

第一,引发学生的学习兴趣。亲身参与的事情,往往使人表现得兴趣浓厚。学生的所思所想、所作所为,以及他们的内心情感历程是激发他们学习兴趣的最直接有效的资源。教师应充分开发和利用这一重要的教学资源,多渠道引发学生的学习兴趣,使学生乐于学习思想品德课。学习兴趣不仅是学习的必要条件,而且是引发学习动机的核心问题,同时也是培养学生的目标之一。"小先生式"课堂自主学习组织方式,充分尊重了学生的学习主体地位,将课堂学习活动的主动权交给学生,改变了课堂教学的组织和控制方式完全由教师调控的局面,激起了学生学习的责任感,引发了他们自主学习的兴趣。第二,学生在"小先生式"的自主学习过程中体验了成功。有了成功的体验,才能满足自身的需求,学习动力才会充足。不少"小先生"在第一次上讲台之前显得非常焦虑,教师必须了解他们产生焦虑情绪的真正原因,提供必要的信息支持,进行学习方法的指导,给予信心和鼓励,让他们觉得"我可以""我也行",从而自信地参与到学习活动中。在"小先生式"的自主学习中,学生体验到学习的成功之乐,尤其是一些学困生,他们有了几次成功的体验之后,会迫不及待地争取上讲台的机会,积极体现自我价值,从而不断地提升自我成长的需求。

(三)及时到位指导是保证

在课堂教学活动中,组织学生的学习活动不在于数量的多少,而在于质与量的统一。在"小先生式"的自主学习中,学生常出现热衷于收集"八卦新闻",哗众取宠;小组讨论流于形式,效率低下;不能准确地把握学习目标,偏离主题等问题。这就要求教师在实施学习指导时要具有前瞻性,能充分估计到学生在自主学习中可能出现的问题,一方面指导"小先生"做好充分准备,另一方面,教师自身要准备多种教学预案,避免出现无效或低效的活动。在学生的学习活动中,教师不能做旁观者,应深入地参与其中,师生互动,教学相长,形成"学习共同体",及时发现问题,一旦出现问题,应依据学习内容和学习目标的特点,以及学生出现的具体情况,迅速作出反应:或参与讨论,引导学生转换思维角度,拓宽学生的思路;或提出有学习价值的问题,引发学生深入探究;或提供备用的教学素材,拓宽学生视野;或及时纠错,给予有效的指导式讲解。这种即时性的指导应贯穿于学生学习活动的整个过程,发挥教师的作用,使"小先生式"的自主学习活动避免流于形式,及时引导学生进行有意义的学习,优化学习过程,增强课堂活动的实效性。

"小先生式"的初中思想政治课自主学习组织方式的实施需要教师根据学生和教材内容的实际情况及时进行调整,我们的实践还需要进行深入探讨,在做法上进一步进行完善和充实。

除了以学生为主体的教学理念的落实之外,教师还需紧紧结合学生身边发生的"生活"场景和事件,注重引导学生学会用所学的知识和原理分析、解决身边的生活问题,在与身边生活的不断互动中提升自己的政治核心素养,努力促进学生的生命成长,为成为"时代新人"打下较好的基础。

第二节　创新活动课教学

"生·长"教学主张要求教学基于学生的立场，注重激发学生的学习积极性，以学生为主体。在思想政治教育教学中开展活动课教学是很好的学生自主学习方式，俗话说："授人以鱼，不如授人以渔。"开展活动课教学就是为了教会学生开展自主学习，自主探究的"渔"。"活动课"要求学生把学到的知识，通过自己的活动实践去加深理解，并运用到新情况、新问题、新事物之中，通过活动实践，提高分析问题、解决问题的能力，以及尝试进行操作的能力，进而有意识地提高学生的实践能力和创新能力。如何在思想政治教育教学中开展活动课教学呢？笔者在教学实践中开展了相关的研究，具有如下体会。

一、准确定位"活动课"的教学目标

活动课教学一般可以分为三种类型：通过活动，用教材中的理论或自己的观点分析实际问题；通过活动，用掌握的事实，说明理论、观点；通过对理论、事件、资料的分析，提出行为要求等。

但活动课的教学仅仅停留在这个层面上是不够的，活动课强调让学生在探究过程中去发现、论证，实践教材中提出的观点、原理、做法等。因此，学生只有掌握了活动的过程和方法，才能在这个过程中掌握知识和技能，才能培养政治认同、法治意识、公民素养。

教师在备课的过程中，分析、定位活动课的教学目标时，应改变以往仅仅重视知识与技能的传授，转向通过教给学生进行探究和实践活动的方法，让学生在探究活动中，培养学生的核心素养，落实立德树人的根本任务。

二、活动过程与方法是重点

让学生在学习的过程中探究及掌握学习的方法，即平常所说的过程与方法,要上好活动课,需要教师在活动课教学中让学生掌握开展活动的方法,这是活动课教学的一项重要内容。

活动课的开展过程可以被归纳为确定活动主题、活动的组织实施、呈现活动结果这几个阶段。

活动主题的确定,教师可以根据教学内容和学生学习的要求,确定学生开展活动课教学的主题,主题要联系学生生活实际和学生个性成长的需要。

活动的组织实施包括以下这几个步骤:①搜集资料。搜集资料的方式有查阅、参观、采访、上网等。资料的类型有图书资料、事迹、事件、数据、报道、言论、政策等。②整理资料。资料的处理方式有整理、分类、归纳、比较等。③组织活动并呈现调查结果。活动的组织有宣读、交流、讨论、走访、社会调查、小组活动等。呈现的方式有展览、板报、演讲、交流、小论文、建议、调查报告、方案、规划等。

对于这些活动方式,教师在开展的过程中,如何指导学生基本掌握活动方案的设计,显得非常重要。一般来说,在组织活动时,要考虑六个"W":what,who,where,when,why,how。what:确定主题,活动的内容是什么或开展什么活动;who:参加的对象及其分工或调查什么人,结果给谁看;where:在哪里开展活动;when:什么时间,开展活动的时间周期;how:怎样开展活动,活动过程中使用什么手段、工具;why:所开展活动的结果的原因分析。

教师要在活动课中,把活动课的活动方式、方案设计的方法教给学生,这样才能较好地完成教学目标。

三、让学生在活动过程中主动学习

思想政治课的课堂教学长期处于"言者谆谆,听者藐藐"的状态,课堂上教师"满堂灌",学生处于被动的学习状态的局面一直得不到改善,这在一定意义上损伤了学生学习政治课的积极性,影响了思想政治教育教学效果和育人功能的发挥。"活动课"的教学,在很大程度上为了改变这种局面,教师如果延续传统的教学方式,活动课是很难上好的,更无法实现政治学科核心素养的培养。

要达到培养学生核心素养的教学目标,教师就要在课堂教学中培养学生的独立性和自主性,引导学生质疑、调查、探究,在实践中学习。提倡学生在教师指导下，以学生为主体进行学习，既强调学生的认知主体作用，又不忽视教师的指导作用，教师是知识建构的帮助者、促进者，而不是知识的传授者与灌输者。学生是信息加工的主体、是意义的主动建构者，而不是外部刺激的被动接受者和被灌输的对象。

【教例】

"对中学生'上网热'的冷思考"中，教师让学生对同学上网情况进行调查，以此认识如何正确对待上网这种现象，并对同学中存在的"上网热"提出自己的建议。在这个活动中，教师引导学生明确活动的主题，设计调查方案和调查内容，通过学生的自主调查，让学生自己在调查的过程中认识到沉湎于上网的危害，也让学生通过查找资料了解到2001年12月18日，团中央、教育部、文化部等部门为帮助广大青少年增强网络安全防范和网络道德意识，引导广大青少年文明上网，使网络真正成为青少年学习知识、交流思想、休闲娱乐的重要平台，正式向社会发布《全国青少年网络文明公约》（以下简称《公约》）等知识，学生在社会调查报告中纷纷发表了自己的见解并提出了许多的建议：组织一支青年志愿者队伍，利用休息时间向青少年学生和社区居民发放《公约》宣传材料；走街串户，讲解青少年网络知识；为学校附近的居民免费安装网上防护软件，并利用自编自演的文艺节目，向广大居民宣传《公约》，各班团支部协同有关部门深入社区，检查网吧的安全文明状况；经常到网吧宣传《公约》；经常安排专人提醒和监督青少年文明上网等。学生在这个过程中获得了知识，学会了社会调查的方法，同时也通过这个过程教育了学生并积极思考解决问题的途径，较好地达到了教学目标。

四、发挥评价的教育功能

对学生学习效果的科学评价方式应该是既要体现学生对知识的掌握、消化、吸收水平，更要突出学生运用自己的知识精华和智慧潜力快速选择最佳方法解决事物矛盾的能力。活动课教学的评价又不同于其他的教学内容，它特有的教学内容和教学形式决定了对学生学习活动课的效果评价不能等同于过去的做法，而应有所改革创新。在学生活动课学习效果的评价上强调要发现学生多方面的潜能，了解学生发展中的需求，帮助学生认识自我,建立自信。

(一)小组协作的整体性评价

现代教育是以人为本的教育,是发展个性、构建独立人格、倡导以问题为纽带的教育。进行活动课教学组织时,教师必须关注每一类不同学习程度的学生,帮助学生组织合作学习小组,让学生在学习过程中互相帮助,团结协作。因此,教师在评价的时候要注重学生的个体差异,强调学生的群体协作,重视学生的学习过程,强调学生在活动过程中对学习的兴趣和参与活动的态度,在学习过程中与其他同学合作的情况,掌握运用正确的学习方法的情况,以及良好心理素质形成的情况等众多方面的动态表现所作的评价。例如:在组织"从身边的变化谈改革开放"活动时,有的合作学习小组选择"通过调查发现哪些规章制度过时了或需要制定什么新的制度,找出存在的问题,提出合理化建议"这个活动内容,由于学生的知识局限,他们在分析问题、发现问题时存在一定的片面性和不完整性,有些结论建议甚至是错误的,这时教师对他们学习效果的评价就不能单纯地以探究的结论来衡量,而应以学生在这个过程中的参与程度和组织情况等来评价,才能促进学生参与活动课的有效学习。

因此,过程评价方法如果使用恰当,可以让学生在经历评价过程的同时体验探究性学习中的交流、碰撞、思辨的气氛,而且这也是一种重要的实践活动,有助于学生更快更好地进入"探究"的角色,促使探究目标的实现。过程评价能调整和改进教学与学习过程,保障教学活动的顺利进行,并使教学活动取得最大效益,使每个学生的潜能和智慧都得到最大限度的开发。

(二)评价主体的多元化

评价主体的多元化主要体现在参与评价活动的人除了有学生本人及教师之外,还可以有学生家长、学生群体和个体及学校内外的其他有关人员。在活动课程的学习效果评价中,评价者可以是教师个体,也可以是教师群体;可以是学生个人,也可以是学生小组等。在众多主体的评价中,教师应重视学生的自我评价。通过学生的自我评价活动,学生能够正确地检查自己在探究过程中的表现,能够明了自己在学习中的进步,发现、反思自己在学习中的问题,并能够依据评价结果,调整自己的学习态度、学习计划与学习方法。

(三)改革考试内容

作为学生学习效果评价的一个重要形式——考试,如何在考题的设计中体现活动课的要求和特性,需要教师从活动课开展的目的出发,遵循活动课开展的环节,精心设置情境和生活化的问题,以开放的考试题目,尽可能体现出对学生核心素养的考查内容和方式,更多地了解学生学习后在生活中面对具体的场景和问题时所体现出来的自主选择和自主行为。

【教例】

背景材料:一场新的节水革命即将开始。有资料显示,一只漏水的抽水马桶,一年约漏水25吨,而我国是一个水资源相对短缺的国家。结合你自己家里平时的用水情况,请对你居住地周围做一次生活用水状况的调查。

请你根据上述材料进行一次模拟社会调查,并根据调查的结果提出合理化建议。

(参考答案:调查主题:居住地居民生活用水情况(what);调查对象:自己家里及居住地周围的居民(who);调查的地点:家里和居住地周围(where);调查时间:利用节假日和休息日,为期一个月(when);调查的途径:观察、记录、上门察访、座谈、查找资料等(how);调查结果的处理:整理有关资料,并运用有关知识进行分析(why);建议:①转变观念,崇尚节约;②制定管理政策,改革水价机制;③改装抽水马桶等设施;等等。

活动课教学是思想政治课促进学生自主探究的一种教学形式,即让学生理论联系实际,激发学生的学习兴趣和探究意识,充分发挥学生的主体性。如何结合实际进一步实施,我们思想政治课教师可以根据教育改革发展的形势和需要,不断地积极探索和实践,才能使活动课充满生机和活力,改变思想政治课教学的被动局面,提高思想政治课的教育教学实效。

第三节 推进生活化教学

教育的根本任务是立德树人,落实立德树人的根本任务,要立足于学科教学,培养学生的核心素养。培养学生的学科核心素养需要教师在课堂教学中基于情境开展问题化教学。"思政课不仅应该在课堂上讲,也应该在社会生活中来讲"①,初中思想政治课是"致力于道德品质和人文精神的习得和养成的课程"②,要培养学生在社会生活中,通过处理与自身、与他人和集体、与国家和社会的关系,逐渐培养做人做事的稳定的思维方式、观念系统和行为习惯。思想政治课教学不仅要使学生掌握理论,而且必须帮助学生把所学的理论知识转化为信念,外化为行动,知行统一,完成培养"有道德的人"的任务,而不是"有道德知识的人"。在思想政治课教学中需要把政治理论与学生的思想实际、当前的社会实际紧密结合起来,避免空洞的说教,"注重与学生生活经验和社会实践的联系,通过学生自主参与的、丰富多样的活动,扩展知识技能,完善知识结构,提升生活经验,促进正确思想观念和良好道德品质的形成和发展。"③因此,在思想政治课中开展生活化教学是思想政治课作为育人课程的必然要求,也是落实立德树人根本任务,培养学生核心素养的题中之义。

一、学习内容与生活相结合

思想政治课具有"小课堂,大社会"的特点,让学生在生活中求知,在求知中生活,课堂教学回归生活,是初中思想政治课堂教学的追求。"生活教育是生活所原有、生活所自营、生活所必需的教育。教育的根本意义是生活之变化,生活无时不变,即生活无时不含有教育的意义。"④进入21世纪后,伴随着教育改革和课程改革,初中思想政治课程有所变化:思想品德课以道德、心理健康、法律、国情等内容为载体,以初中生逐步扩展的生活为基础,以初中生成长过程中需要处理的关系等实际进行科学设计。以生活为基础的德育思想也逐渐丰富和完善起来,它融汇了新时期教育发展和德育发展过程中许多有益的思考和先进元素,如"情感""活动""公民""生命""体验""审美"等相关的主题和内容。

---

① 杜尚泽."'大思政课'我们要善用之"[N].人民日报,2021-03-07(001).
② 中华人民共和国教育部.义务教育思想品德课程标准(2011年版)[M].北京:北京师范大学出版社,2012.
③ 中华人民共和国教育部.义务教育思想品德课程标准(2011年版)[M].北京:北京师范大学出版社,2012.
④ 陶行知.生活即教育[M]//陶行知文集.南京:江苏人民出版社,1981(08):17.

"思想品德的形成与发展,需要学生的独立思考和生活体验,社会规范也只有通过学生自身的实践才能真正内化。""要面向丰富多彩的社会生活,开发和利用学生已有的生活经验,选取学生关注的话题,围绕学生在生活实际中存在的问题,帮助学生理解和掌握社会生活的要求和规范,提高社会适应能力。"[①]思想品德课教学只有教会学生用所学的知识来发现、分析和解决现实社会生活中的问题,所学的知识才是活的知识、有用的知识。

(一)与时事政治相联系

思想政治课具有鲜明的时代性,但思想政治课教材与时事政治发展相对滞后决定了思想政治课教学要注重与时事政治相联系,是思想政治课保持鲜活的教育意义的题中应有之意。与时事政治相联系才能保持思想政治课教学与时俱进,开阔学生视野。如果学生"两耳不闻窗外事,一心只读圣贤书",就很难培养他们关心社会、关心国家的意识。

【教例】

在讲九年级的"可持续发展生态文明"时,教师结合《美丽厦门战略规划》,从厦门本土讲起,在向学生宣传"美丽厦门"美好蓝图时,也让学生从与自己生活休戚相关的"美丽厦门"建设联系到"美丽中国"的建设,在此基础上,学生对建设生态文明与建设美丽中国的关系有了比较深刻的理解。结合大家关注的雾霾天气的情况,教师开展与学生生活相关的话题的讨论,让学生较好地理解建设生态文明需要用文明的态度对待自然,拒绝对大自然进行野蛮与粗暴的掠夺,改善与优化人与自然的关系,从而实现经济社会可持续发展的道理。

(二)与日常生活相联系

"开发和利用初中生已有的生活经验,选取学生关注的话题,围绕学生在生活实际中存在的问题,坚持正面引导,帮助学生理解和掌握社会生活

---

① 中华人民共和国教育部.义务教育思想品德课程标准(2011年版)[M].北京:北京师范大学出版社,2012.

中的思想要求和道德规范"①,让学生在热爱生活、了解生活、亲身感受生活的过程中培养德性,学会过一种道德的生活,而不是在现实生活之外的另一个或抽象、或说教的世界里去培养一个人的道德。从现实中提取丰富的教学素材,及时对教材内容进行补充说明,这样才能更好地体现政治课的与时俱进、开拓创新,才能显示时代气息和生命活力。

【教例】

在上"将心比心"时,为了使学生明白考虑事情需要站在对方的角度,设身处地地为他人着想,教师用"宾馆、酒店的电梯里常会有一面大镜子,这镜子是干什么用的"这个生活中常见的问题让学生思考探究。发生在学生身边的生活小问题,大家往往都熟视无睹,但教师将问题提出来后,极大地激发了学生的兴趣,引发了学生的积极思考、讨论。在学生讨论回答后,同学们终于发现,自己貌似很全面的答案,还是多从自己的角度出发。同学们想到了电梯里的镜子有的是用来装饰自我,有的是用来保护自我,有的是依此舒适自我,但没有想到"自我"之外的"他人",如肢残人摇着轮椅进电梯时,不必费神转身,就可以从镜子里看见楼层显示灯。与生活细节联系的探究让学生较好地理解了"换位思考,将心比心"的道理。

二、学习活动与生活相结合

"儿童从一开始接受教育起,就应该体验发现的乐趣。他必须发现,一般的概念能使他理解他一生遇到的,构成他生活的种种事件。"②思想政治课的学科性质决定了其具有思想性和理论性的特点,怎么化抽象为具体、感性的生活,教学需要理论与生活相联系。理论联系实际是思想品德课教学的基本原则,思想品德课教学活动"要创设一定的形式和情景,让学生逐步了解社会,扩大人际交往,参与公共生活。许多品德,特别是公德,必须在公共生活的环境中,通过公共交往才能得到体验和内化"。"在思想品德

---

① 中华人民共和国教育部.义务教育思想品德课程标准(2011年版)[M].北京:北京师范大学出版社,2012.
② 怀特海.教育的目的[M].徐汝舟,译.北京:生活·读书·新知三联书店,2014:3.

教学中,通过模拟现实生活中的情境,比单纯的言语教育更重要"。①

(一)情景创设

创设情境,让学生在探究中得到体验,唤起学生学习和情感的需要,使每一个学生都积极参与教学活动,积极主动地去尝试、探索和抉择,更好地发挥个体的创造潜能;让学生的思维真正处于活跃状态,产生思想意识的体验,达到将所学知识内化的目的。

(1)运用实物演示、直观的音像或者相关的音乐作品、故事等手段来创设情境。教师通过这些手段对学生的感官产生强烈的刺激,唤起学生学习的需要和情感的需要,使每一个学生都积极参与教学活动,积极主动地去尝试、探索和抉择,更好地发挥个体的创造潜能;让学生的思维真正处于活跃状态,产生思想意识的体验,达到将所学知识内化的目的。

[教例]

在讲"意志是人的重要心理品质"一课时,为了让学生明白优秀意志品质包括坚韧性、果断性、自制性,还有坚韧、自制、果断都是我们自觉调节、自觉控制的结果,教师让学生观看在20世纪70年代于在斯坦福大学的幼儿园,研究人员进行的一个心理学实验:研究人员找来数十名儿童,让他们每个人单独待在一个只有一张桌子和一把椅子的小房间里,告诉他们可以马上吃掉棉花糖,若等研究人员回来时再吃还可以再得到一颗棉花糖作为奖励;他们也可以按响桌子上的铃,研究人员听到铃声会马上返回,实验即告终止。实验的过程对这些孩子而言非常难熬,孩子们面对棉花糖的诱惑作出的种种滑稽可笑的表情和动作,让大家捧腹大笑、兴致盎然。在笑声中,教师继续告诉学生这个实验的研究人员对这些孩子进行了跟踪调查发现:那些坚持到研究人员回来的孩子,在学业成绩、社会生活方面普遍优于那些马上吃掉棉花糖或不久后按铃的孩子。通过这样的学习,学生对什么是优秀意志品质及其作用的理解比单纯的说教深刻得多。

(2)运用小品、游戏、辩论赛等方式引导学生感受生活。教师通过小品、游戏、辩论赛等活动让学生亲身参与、亲身体验,发挥了学生学习的主

---

① 中华人民共和国教育部.义务教育思想品德课程标准(2011年版)[M].北京:北京师范大学出版社,2012.

体地位,让学生在这些活动中产生与体验对象相一致的移情体验,从而认识、感悟其中所蕴含的道理,使"理"通过"情"进入学生的心灵。

【教例】

在讲"性格"一课的时候,教师先在学生面前摆一把椅子,然后让学生闭上眼睛,再让他跳过椅子,这时候把椅子悄悄从他面前移走,并要求学生跳过椅子。有的学生能够奋力一跳,有的学生却不敢轻举妄动。学生观察并分辨大家不同的表现,在教师的引导下,学生对性格特点的理解就由抽象的描述变为具体的行为,变得更生动了。

(二)研究性学习

在思想政治课堂教学中,教师根据课程的需要组织学生对某些问题进行探究,这往往不是在课堂上所能够解决得了的。教师把课堂教学中的探究学习往研究性学习上延伸,可以根据学生的独特个性、兴趣、爱好和知识结构,让学生在探究过程中自主地进行生成性的品德养成。学生在研究性学习这个过程中可以获得更多独立思考、自主选择的机会,提高发现问题、分析问题和解决问题的能力,并且得到成长的体验,拓宽学生生活的视野。学生在这个过程中接触到的大量社会问题,使他们在活动中提高了知识和能力水平,同时,也从社会实践中了解了科学对于自然、社会与人的价值,学会关心国家和社会的进步,学会思考人类与世界的和谐发展,形成积极的人生态度。这种学习的延伸不是简单地由教师把学习的知识转化为一个个具体的问题,而是让学生在学习过程中发现问题、思考问题、解决问题。

【教例】

"实施可持续发展战略"立足国情,具有很强的开放性,是九年级一个非常重要的教学重点。教师不仅要明确课标要求,对本课的教学目标和内容、知识结构进行分析,还应当了解学生在这方面的知识基础、思想状态及行为习惯。学生对资源国情和环境国情有一定的了解,但对其严峻形势认识不足,保护资源和环境的意识不够强烈,浪费资源和破坏环境的行为屡见不鲜。教师通过对教学目标和内容的分析,根据学生的具体学情,确定本课探究学习的主题和任务:

主题：厦门水资源状况的调查与思考。

任务：以四人小组为单位，通过探究学习，了解厦门水资源状况，思考我们该如何应对。

通过本活动完成下列任务：

(1) 了解我市水资源、水环境的状况，树立资源环境的忧患意识；

(2) 知道计划生育、保护资源、保护环境等基本国策，培养亲近自然、珍惜资源、爱护环境的情感，树立可持续发展的意识，树立科学发展观。

(3) 增强珍惜资源、爱护环境的能力，积极行动，参与实践，为建设资源节约型、环境友好型社会贡献力量。

此设计不仅有知识层面的要求，也有能力发展的要求，更有"公共参与"等学科核心素养培养的要求。教师让学生通过亲身参与实践、亲手调查，深入体验，了解本地水资源状况，进而了解我国的资源国情和环境国情，促进知识的意义建构，实现多维教育教学目标，达到知、行、意、信、行的统一。

三、学习评价与生活相结合

对学生进行学习评价的目的在于考查学生学习目标的达成程度，促进教与学行为、学生思想品德的发展与提高。思想政治课学习评价不能仅仅像语文、数学、英语等学科那样通过做练习、考试检验来评价，更重要的要看学生通过学习，在实际中面对真实的境遇和冲突所作出的自主选择和自觉行为，这就需要与生活实际相结合。因此，学生学习思想政治课程效果评价，应多角度、多途径收集学生的学习信息，客观评价学生的道德认知、道德判断、道德选择、道德实践能力。

（一）与日常行为相结合

在自然的状态下，教师观其言、察其行，将学生在日常学习尤其是课堂学习生活中的多种表现作为主要内容，加以观察并记录下来，比较在道德学习前后其行为的改变和形成的情况，以及学生在面对日常生活中真实的情境时，面对问题所采取的行为，这样才能及时准确地了解学生的思想状况、学习情况及行为表现，捕捉学生思想品德素养的外显行为，作出准确的反馈。在学习"礼貌是文明交往的前提，掌握基本的交往礼仪与技能，养成文明礼貌的行为习惯"的相关内容后,教师观察记录学生在与同学、教师、家长等交往时的言行表现的改变情况;在学习掌握了正确的学习方法的内容之后的效果如何,教师要重点观察学生在课前复习、课堂学习、课后作业等环节的表现情况,以评价其学习效果。只有与日常行为相结合的评价,才是对学生思想品德学习效果的真实评价,才能真正促进道德知识向道德行为的转化。

(二)与学习过程相结合

评价包括教师对小组合作过程和成果的评价、小组对个人的评价和学生个人的自我评价。评价内容主要围绕自主学习能力、协作学习过程中作出的贡献、是否达到意义建构的要求来设计。对合作小组的评价项目:分工协作、信息收集、信息加工、成果要求、学习方案的合理性。学生自评与互评项目:开朗积极的合作态度、在分工中勇于承担责任、所收集材料的有效性、在小组讨论中的作用、能倾听他人的发言、在成果制作中的作用、在成果汇报中的作用、保持愉快的心情参与课堂、积极回应老师的提问或指令。

学习评价与学习过程相结合既可以是学生的思想品德实践活动,如社会调查、社区服务、辩论比赛、时政知识及小论文竞赛等,也可以是研究性学习或主题探究活动。教师要将学生在活动中获得的活动计划、提交的调查报告、小论文、照片、光盘等或学生在活动中所获得的个性化的体验、感受、经验等成果及时加以收集汇总,也可以是包含学生课前五分钟播报国家大事、本地新闻等社会点滴的时事播报和参与课堂学习、与同学合作情况等,从学生在学习过程中的表现评价他们的情感、态度及其价值观。评价的内容、等级标准都应有明确的规定并告知学生,使学生在不感到压力、保持兴趣与热情的情况下,客观、公正、准确地评价自己和别人,如实反映每个学生在探究型学习过程中的学习效果。多元化的评价方法和手段能有效引导学生转变学习方式,激发学生的学习热情,增强自信心和自我超越的欲望,促进生命的提升与发展。

思想政治课教学联系生活实际是"以学生为本",力求教学目标、教育内容的选择与组织实施符合学生的生活实际,是建立在学生生活经验基础上的,根据学生生理、心理发展的内在规律,安排思想品德教育活动,进行开放性教学,促进知、情、意、信、行转化,使思想品德课真正成为学生喜欢的、真实有效的生活课程。

第四节　完善主题研究学习

"核心素养的提出,标志着课程改革为了应对信息化、全球化与知识经济社会对人才培养需求的变化而实现的一次华丽转身,即从对内容的关注转向对学习结果的关注,从对教材、标准的关注转向对为谁培养人、培养什么人、怎样培养人的关注。"① 教育要唤醒学生的生命成长,为学生的生命成长打下基础,这也是"生·长"教学主张中"生"的重要内涵,如何为学生的生命成长奠基?培养学生的学科核心素养是最好的回答。

"学科核心素养是学科教育在全面贯彻党的教育方针、落实立德树人根本任务、发展素质教育中的独特贡献,是学科育人价值的集中体现,是学生通过学科学习之后而逐步形成的正确价值观念、必备品格和关键能力。"② "每个素养要素都是知识、能力和情感态度价值观目标的整合。"③ 面对愈加丰富的课程内容,指向核心素养的道德与法治教学需要我们整体设计教学目标,对"知识与技能,过程与方法,情感、态度、价值观"三维目标进行综合融通,并在课堂中整体落实、综合运用。而要达成这一目标,课堂需要学生真正地参与思维过程,在思考中建构知识,并学会运用知识,赋予知识生命的意义。这样,课堂所学才能转化为学生的素养。为此,笔者尝试开展了思想品德"主题研究学习"。所谓"主题研究学习",是指教师立足于(道德与法治)学科特点,着眼学生核心素养的培育,将学习内容主题化,主题情境化;围绕主题设计教学问题,引导学生主动参与思考和探究,并在这一过程中建构知识、运用知识。这种教学方式的关键是"学生思考和操作的学习对象,是经过教师精心设计、具有教学意图的结构化的教学材料"④。以下,以粤教版《思想品德》八年级"关爱社会"一课为例,做一探讨。

---

① 崔允漷.聚焦立德树人,凝练学科核心素养[J].教育家,2018(03):26.
② 崔允漷.聚焦立德树人,凝练学科核心素养[J].教育家,2018(03):26.
③ 朱明光.核心素养与普通高中思想政治课程改革[EB/OL].(2017-01-30)[2021-01-20].http://blog.sina.com.cn/s/blog_16ced87b80102xagv.html.
④ 郭华.深度学习及其意义[J].课程·教材·教法,2016(11):25.

一、教学内容主题化

开展主题研究学习,其首要工作是实现学习内容主题化。这就要求教师实现教学观念的转变,即坚持以素养为本,着眼学生实际,在学生品德涵养的过程中,实现政治认同、法治意识、理性精神和公共参与等核心素养的培育。在这一教学观念指引下,教师整合教学内容,确立研究主题。由此,主题研究学习的教学目标将知识与技能,过程与方法,情感、态度、价值观三个维度视为有机的整体,它们共同指向学生核心素养的培育。

"关爱社会"一课包括"个人离不开社会""社会需要我关爱"及"树立忧患意识,报效社会"三部分内容。按照传统的做法,我们往往会以"三维"来叙写教学目标,即让学生掌握并理解"我们每个人都是社会的一员;每个人的物质生活、精神生活都依赖于社会的供给;随着社会的发展,人们对社会的依赖性越来越强"和"社会发展需要我们的关爱与推动;和谐社区需要每位居民共同创造"等知识,培养学生"关注社会问题"的意识和能力,让学生"树立忧患意识和使命感"等。

基于学生核心素养培育的研究主题设计,需要我们以更高的视角整体认识教学内容,提出指向核心素养的教学目标。为此,我们将教学内容整合设计为"个人与社会的关系"和"如何关爱社会"两个主题。我们通过"个人与社会的关系"主题研究学习,着力实施责任教育,培养学生学会担当、学会勇于和善于承担责任的"社会参与"素养;进而通过"如何关爱社会"主题研究,让学生在质疑和反思"社会问题"中"树立忧患意识",培养学生的"人文底蕴""科学精神",并在此基础上促进"政治认同"。

这样的目标将三维目标视为一个有机整体,通过"个人与社会的关系""如何关爱社会"两个主题研究学习,学生在探究学习中思考,实现道德认知的自主建构。在这一过程中,学生自主成"关注社会问题"的意识和能力,并付诸行动。由此,学生才能真正学会"担当"和"责任",涵养"社会参与""科学精神"等核心素养。

二、研究主题情境化

研究学习的主题确定后,主题情境化的设计便成为课堂教学的基本载体。将研究主题置于什么样的情境之中,关系到学生能否真正参与课堂学习,并展开思考,关系到核心素养的培育目标能否达成。为此,研究主题的情境设计必须从学生的年龄特征和思维水平出发,创造性地整合案例、视频、图片等各种教学资源,使之成为"结构化的教学材料"——学习主题,让学生身临其境、感同身受,从而激发学生参与的热情和兴趣,使学生参与思考成为可能,为学生的主题研究学习打下坚实基础。

  思想品德课程以初中学生逐渐扩展的生活为基础,其身心发展特点是课程设计的基础。主题研究学习必须紧扣本课程的综合性和德育性,以学生的生活逻辑为教学主线,挖掘并整合教学资源。实践中,我们注重选取学生喜闻乐见的国际国内重大时事,以及本地乡土实例新闻、相关案例等资源,作为研究主题的载体资源,以此创设真实的学习情境。

  在本课情境设计中,我们将"社会的关系"和"如何关爱社会"两个研究主题置于真实情境中后,分别转化为"莫兰蒂台风带来的启示""厦门的文明、厦门的温度从何而来"两个具体的情境主题来表述。

  "莫兰蒂台风带来的启示"这一主题情境,以中央电视台"焦点访谈"节目"万众一心,抗击莫兰蒂台风"为蓝本,剪辑加工成一个介绍2016年9月15日莫兰蒂台风过境厦门时的全景扫描视频。视频中,有台风强劲的横扫场景及其带来的破坏画面,又有厦门市民、志愿者、市领导共同抗击台风的画面。我们借助这一主题素材激活学生"当时"的生活经验和切身体验,让学生通过探究台风给厦门市民生活带来的前后变化,体会和理解个人与社会的关系。

  "厦门的文明、厦门的温度从何而来"这一主题情境,则以《厦门日报》就台风事件发表的各类市民、志愿者、解放军武警等抗灾照片为资源,筛选制作了一个配乐电子相册。学生在"未来的日子,有你更美"配乐背景下不断闪现的相片中,可以看到不分男女老少、不分国籍,各行各业的人们参与抗灾劳动的火热场面;尤其是相册后半段,头戴红帽子、身穿红马甲的志愿者越来越多,给了学生强烈的视觉和听觉冲击,深深震撼着学生。由于学习本课时,莫兰蒂台风刚刚过去两个月,可说是学生当下能够直接感知思考的、最鲜活的生活素材。事情就发生在学生身边,对这一台风给生活带来的各方面影响、变化,学生切身经历过,自然有感而发、有话可说。

  主题研究学习情境设计所依托的资源素材应该因时而变、因地而变、因人而变。教师要善于从本地区学生身边最近发生的、学生熟悉的生活实践中择取素材,以即时、最近为选用原则,及时调整素材,调整学习的组织形式和空间组织形式等。如此,才能使主题情境保持开放、更新的状态,真正以学生的生活沟通道德知识与生活。

三、课堂教学实践化

所谓课堂教学实践化，即注重课堂教学过程，要让学生在生活实践中学习，激活学生的生活经验，并回到生活实践中检验道德学习成果。指向核心素养的思想品德课堂强调，学生学到的应该是"活的"道德知识，能够指导其学习与生活实践。教学实践化的重点是设计符合学生思维特点，能引导学生展开自主思考与探究的问题，让学生在思考和问题解决中逐步建构知识，并形成新的认识，从而学会学习与生活，最终实现核心素养的培育。

"教育的目的不是学会知识，而是学习一种思维方式"[1]。问题设计是主题研究学习能否成功的关键，它是沟通学习主题与学生已有认知的"桥梁"，也是学生主题探究的思考路径。因此，主题研究学习的问题设计强调贴近学生的思维发展特点，尊重学生的认知规律和身心发展规律，关注学生的精神成长需要。教师以此为出发点和落脚点，用学生熟悉或理解的语言提出并解释问题，帮助学生理解并掌握学科语言，逐渐学会运用学科思维解决生活问题。

在上述两个主题活动中，针对"个人与社会的关系——莫兰蒂台风带来的启示"主题设计了一系列问题，包括"台风刚过，你或亲友的生活发生什么变化？""到今天你的生活又发生了什么变化？（从衣、食、住、行、用等角度）""这些变化说明了什么道理？""回忆一下，受灾时人们最不方便的是哪一方面？"针对"如何关爱社会——厦门的文明、厦门的温度从何而来"主题情境，我们则设计了"厦门为何能在最短时间内恢复正常社会生活秩序？""厦门的文明、厦门的温度从何而来？"两个问题。这些问题设计得简明通俗，贴近学生的现实生活，学生结合自身的生活体验可以作答。同时，问题步步深入，引导学生进而思考生活现象背后的"道理"。借助这一思考过程，教师引导学生学会从现象看本质，体味认识和解决生活问题的"思维过程"，学会"自主发展"，在潜移默化中实现核心素养的实践内化。

---

[1] 培根阅读.哈佛教授：教育的目的不是学会知识，而是学习一种思维方式［EB/OL］.（2018-01-03）［2020-10-20］.http://www.360doc.com/content/18/0103/21/146925_718823108.shtml.

与情境资源的开放性对应,我们倡导主题研究学习的问题设计也是开放的。问题设计要巧妙,具有思辨性,要提出学生自己的问题,让学生有话可说,并且感兴趣,以问题促进道德理解的深入。教师指导则注重从不同维度,采用不同的视角与方法,引导学生通过联系、比较、分析,确认自身生活与知识的关联性及传递方式。例如,上述问题设计既从学生的生活出发,又高于学生的生活。每位学生在莫兰蒂台风事件中的经历和感触自然各有不同,但是事件背后所蕴含的"道理"是相同的。即"我们每个人都是社会的一员,每个人的物质生活、精神生活都依赖社会的供给,随着社会的发展,人们对社会的依赖性越来越强","社会的发展和进步,需要我们每个人关爱、努力和推动;和谐社区需要每位居民共同创造"。极富生活气息的问题激发了学生的自主探究热情,引领学生逐渐深入思考自己与他人、自己与社会的关系。其在"明理"的同时,引领学生学会辩证思维、联想思维等,这些都指向"科学精神""社会参与""自主发展"等核心素养的培育。

主题研究的学习需要教师创设平等、宽松、合作、安全的课堂互动氛围,让学生放下包袱,大胆发言,各抒己见,这利于学生的创新思考和思维发展。实践表明,在初中思想品德课堂开展主题研究性学习,有助于学生将核心素养内化为自身的发展需求、动机和动力机制,从而在面对真实境遇和冲突时作出正确的自主选择和自觉行为。我们的研究还有诸多不足,比如要在主题研究学习中进一步实现深度学习,需要我们关注课堂教学过程中的师生互动、生生互动;关注课堂上的动态生成,"收集有意义的教学反馈信息,并依据这些信息对主题研究学习做进一步的调整"①。

---

① 郭华.深度学习及其意义[J].课程·教材·教法,2016(11):25.

第五章

"生·长"之路

"生·长"教学主张中的"长"包含着"长程"和"成长"两方面的含义:"长程"意味着思想政治教育教学要着眼于学生生命成长的全过程,整体把握学生生命成长的需要开展教育教学工作;"成长"是指通过学习,让学生实现"长知识、长思想、长健康、长事理、长报恩、长信仰、长情怀"等教育教学目标。这是思想政治课课程标准中提出的"促进初中生正确思想观念和良好道德品质的形成与发展,为使学生成为有理想、有道德、有文化、有纪律的合格公民奠定基础"的具体体现。那么,思想政治课作为学校立德树人的关键课程,如何跳出课堂教学,拓宽育人的路径,实现全员、全方位、全过程育人?笔者从初中思想政治学科的学科特点出发,思考培养"时代新人"的具有普遍意义的内容和教育途径,也就是"生·长"教学主张的具有普遍意义的实施途径。

初中思想政治课的实施要"以初中生逐步扩展的生活为基础,以初中生成长过程中需要处理的关系为经,以道德、心理健康、法律、国情等内容为纬,基础明确、经纬交织、科学设计"。笔者在长期的教育教学实践中,认为初中思想政治课教学必须融入学校的整体德育工作中,在学校的整体德育工作中实现学生对"我与他人""我与集体"和"我与社会"的理解和实践,使之成为初中思想政治课堂教学的有效延伸和补充。在初中学生的成长过程中,学生的生命意识和生活意识是体现"生·长"教学主张的基础,其着重于培养学生的安全意识和法律意识。而从学生未来发展的角度来看,我们应该注意挖掘初中思想政治课中培养学生创新意识的因素和内容。笔者在长期的思想政治课教育教学实践中,根据初中学生的身心发展特点,围绕以上的理解从培养"时代新人"应有的素养出发,进行初步的探讨。下面的内容是笔者培养"时代新人"应有的素养在方式、路径方面的总结和思考,并不是培养"时代新人"应该具备的所有素养,具有一定的局限性和不足,在此提出只是为了抛砖引玉。

第一节　融入学校德育实践

　　学校是未成年人进行思想道德教育的主渠道,而思想政治课教学又是学校德育工作的主渠道。思想政治课教学要实现培养"时代新人"的目标,不能"单打独斗",必须融入学校的整体德育实践中。"生·长"教学主张的内涵实际上也强调培养学生的整体设计,强调思想政治教育教学多维一体的育人功能的整体发挥。但在教育实践中,许多学校重智育轻德育,德育重课堂教学,轻实践活动,片面强调道德知识的灌输,无视学生生活,采取知识的灌输来试图完成德育赋予的任务,使学生的道德认知与道德实践相割裂,学生得到的只是纯粹的道德知识,无法通过生活实践将其内化为道德情感和道德信念。生活实践的缺失,是忽视德育工作生命的表现。

　　2004年2月26日,中共中央、国务院发布了《关于加强未成年人思想道德建设的若干意见》(以下简称《意见》),《意见》指出:"加强和改进未成年人思想道德建设要遵循坚持知与行相统一的原则。既要重视课堂教育,更要注重实践教育、体验教育、养成教育,注重自觉实践、自主参与,引导未成年人在学习道德知识的同时,自觉遵循道德规范","思想道德建设是教育与实践相结合的过程"[①]。总之,要增强学校德育工作的实效性,需要回归德育实践。学校德育工作回归德育实践,真正尊重学生在德育工作中的主体地位,立足于生活实践又回归生活实践,使德育工作富有生命力,焕发了学生生命的活力。作为学校德育工作的主渠道的思想政治课教育教学工作同样也必须遵守《意见》中提出的要求和目标,在课内外教育教学工作中自觉地实施、落实。

　　德育的本质是实践的,实践的观点是德育首要的、基本的观点。学校的德育工作和思想政治课教学不能像语文、数学、英语等学科那样上课、做练习、考试检验,而应通过知识的掌握、能力的锻炼、习惯的培养,以及情

---

① 中共中央国务院关于加强未成年人思想道德建设的若干意见[N].中国教育报,2004-02-26(001).

感、态度和价值观的培养等环节来进行,这些环节必须有一个中介,这个中介就是实践,如何在思想政治课教学中开展实践性教学,在上一章"生·长"之育中已做了专门的论述;道德素质的构成要素,不仅仅有道德认知,还包括道德情感、道德意志和道德行为,道德情感和道德意志主要是通过体验获得,而体验必须在实践活动中产生,若没有亲身经历和真实感受的体验环节,没有心灵的触动,就无法真正完成德育过程,要知道带学生到实践中去感悟、去体会,比老师在课堂上洋洋洒洒地说教、父母在家中一再强调要实在、动人得多;检验学生道德素质的高低,不是听他怎么说,主要看他是怎么做的,主要是看他在道德实践中面对真实的道德境遇和道德冲突所作出的自主道德选择和自觉道德行为,这也是学生思想政治素养的真实呈现。

学校的德育实践工作是个系统工程,绝不可以想起来时做一做,没事时做一做,为搞活动做一做,为打造形象做一做。这样的德育实践不会对学生产生有益的、持久的影响,有时还会给学生带来不良的影响。德育实践必须务实,不能务虚。基于以上认识,德育回归实践要从德育实践的领导队伍和制度建设、德育课题研究、丰富德育实践内容、开展丰富多彩的德育实践活动、德育实践基地建设等方面入手,增强学校德育的实效性。

一、保障德育实践机制

学校开展德育实践工作离不开德育队伍的建设和德育制度的建立。学校要精心挑选责任心强、德育水平高的教师充实德育管理和班主任队伍;加强学生干部的教育、培养、管理,通过值周、每月例会、参加重大活动、专门培训、组织外出考察、按期换届等多种形式,培养、锻炼、提高学生干部的工作能力和思想素质,使他们和教师德育队伍一起成为学校德育实践活动全面顺利开展的保证。

学校要加强德育实践的学习和研讨,坚持每月班主任工作例会;为班主任订阅《班主任》等德育报刊,供大家进行德育理论和实践研究;根据德育工作中的难点、热点问题,及时组织研讨,加强德育工作的针对性、实践性,每位德育工作者要坚持每年至少写一篇德育论文,组织一次德育研讨会,提升德育工作实效。

二、推进德育实践创新

面对知识经济、市场经济、国际化、信息化时代的新形势和新一代独生子女生长在新环境中出现的新问题，德育工作要达到"好雨知时节，当春乃发生，随风潜入夜，润物细无声"的育人境界，增强德育的针对性、实效性、时代性和主动性，就要创新与改进德育工作，加强对德育诸多问题的研究。

学校德育实践课题的研究要坚持两手抓：一手抓巩固和整改，反思总结，寻找差距，研讨解决问题的办法；一手抓创新和发展，结合教育教学改革的新形势，研究新情况，提出新思路，采取新做法，让师生在课题研究中共同提高，推进德育实践的创新发展。如中央教科所的"整体构建学习德育体系的深化研究和推广实验"课题，是一项探索新时期德育评价制度改革的实践研究课题，在这项操作性很强的实践课题研究过程中，广大教师通过学习培训、德育评价实验、创新德育评价制度，教育观、学生观、质量观发生了很大的变化。在研究过程中，老师们根据课题研究的不同内容开展了丰富多彩的活动，让学生在活动中学会如何做人、如何做事、如何成才。实验为老师与学生、学生与学生、学生与家长之间打开了通向彼此心灵的窗户，改变了以往德育单纯以制度规范、灌输说教、强令服从、单向评价的模式，德育朝着以学生为主体、关注学生成长的方向发展，评价方法从单一评价转向多元交互评价，提高了学校德育的实效，促进了学校各项工作的发展。

三、丰富德育实践内容

《意见》指出："思想道德建设是教育与实践相结合的过程。要按照实践育人的要求，以体验教育为基本途径，区分不同层次未成年人的特点，精心设计和组织开展内容鲜活、形式新颖、吸引力强的道德实践活动。各种道德实践活动都要突出思想内涵，强化道德要求，并与丰富多彩的兴趣活动和文体活动结合起来，注意寓教于乐，满足兴趣爱好，使未成年人在自觉参与中思想感情得到熏陶，精神生活得到充实，道德境界得到升华"[①]。寓

---

① 中共中央国务院关于加强未成年人思想道德建设的若干意见[N].中国教育报，2004-02-26(001).

德育于丰富多彩的活动与实践中,让活动与实践成为连接学生主体世界和客体世界、个体生活和集体生活的媒介与桥梁。让学生在活动中亲身感受德育情景中的道德冲突,在实践中体验道德情感,形成道德判断观念,养成道德习惯,符合学生身心发展的规律,符合学生年龄和心理特点,更为学生所喜闻乐见、易于接受。

(一)开展"学会感激"系列活动

充分利用黑板报和形式多样的主题班会课对学生进行"学会感激"的教育。利用"学会感激——感谢有你""学会感激——今天你说谢谢了吗?"等主题班会课;结合每年"教师节",开展以"园丁颂"为主题的班会课、黑板报评比,让学生表达对老师的感激之情,进一步营造尊师的氛围;结合元旦等节日,开展"感激"主题专题迎新文艺汇演,让学生通过舞蹈等各种文艺形式表达对党、对祖国和人民的感激之情,同时也丰富了学生的课外生活,活跃了校园文化生活;开展"感激社会,以爱心回报社会"的教育活动,开展"万人献爱心暨扶贫助困"捐助活动,倡导"把爱心献给社会,把关心带给他人"。

(二)开展"道德新风满校园"系列活动

认真学习、贯彻《公民道德建设实施纲要》。以"爱祖国、爱人民、爱劳动、爱科学、爱社会主义公德"为社会主义道德的基本规范和道德建设的基本要求,进一步把"爱国守法、明礼诚信、团结友善、勤俭自强、敬业奉献"作为基本道德规范。要求各年段、班级、团队组织根据学生年龄段和心理的不同特点,把培养良好道德的要求进一步具体到学生在校的行为规范中。结合社会实践开展"尊老敬老"的公民道德教育活动;开展"弘扬民族精神,营造校园文明氛围"等主题系列教育活动;开展以"为学须笃行,为人重诚信"为主题的诚信教育活动,设立无人监考的"诚信考场"。

(三)开展"弘扬民族精神,营造校园文明氛围"的主题系列教育活动

通过国旗下讲话、班会课、黑板报、宣传栏进行《公民道德建设实施纲要》的系列教育,召开以"诚信教育""向不文明行为告别"等为主题的班会课。通过常规性、制度性的班容仪容检查、卫生检查的常规化、制度化,加强学生的文明礼仪教育和良好卫生习惯的养成教育,提高学生道德水平。

以重大时事事件为契机,及时对学生进行爱国主义教育,增强学生的爱国主义精神;团委深化18岁成人意识教育活动,形成制度,不断规范,组织年满18周岁的学生,对他们进行成人法律意识教育,参加成人宣誓仪式,并让学生写出参加宣誓仪式的心得体会,培养学生的成年意识和责任感。

(四)加强校园文化建设,开展读书征文活动

团委、学生会引导团员青年开展读书活动,举办校园图书文化节活动,成立读书社并开辟交流园地,引导学生开展研究性学习。所有的德育实践内容和形式,让学校的德育少了传统德育的"教条",多了德育的实践与创新,让学生在活动中潜移默化地接受德育教育,加强了"三观"(世界观、人生观、价值观)和"三大主义"(爱国主义、社会主义、集体主义)教育。

这里必须强调的是各个地方、各个学校的实际情况各不相同,各校要围绕《意见》中"未成年人思想道德建设的主要任务"所要求的对学生的德育实践的内容和方式创造性地进行挖掘。

四、建设德育实践基地

学校的德育离不开家庭和社会的支持,只有学校、社会和家庭在德育工作上形成合力,德育实践活动才会有生命力,才会为德育实效的增强提供保障。我们应充分发挥学校内外德育基地的作用,如:组织学生参观德育基地、科普教育基地、生态园环保教育基地和现代化企业;组织学生进行军训,举办"劳动实践夏令营",组织学生做社会调查,并撰写心得体会、调查报告。

密切"家校社"联系,成立家长学校,邀请专家、学者在家长学校做好家庭教育的报告,组织学生家长参与德育问题讨论,充分发挥家长在学生教育中的作用。

利用假期与当地派出所民警或者相关的司法人员共同开展"法制夏令营",加强对后进生的教育,预防未成年人犯罪。

一个良好的环境,是推行素质教育的物质基础。学校应注重文化意识的渗透和物化,充分发挥师生的特长和现代化设备的作用,利用广播、专栏、图片、名人名言、提示语、警示语等渲染环境,并发挥其潜移默化的教育功能。

回归道德实践,是提升学校德育实效的有效途径,在开展德育实践过

程中,我们应该注意学生的德育教育的主体性,只有学生发挥其在德育实践教育的主体地位,才能真正谈得上增强德育实效,否则又会犯"穿新鞋走老路"的毛病了。

第二节　树立学生的安全意识

学生安全意识的树立体现了"生·长"教学主张的生命意识的内涵,也是眼中有"学生"的具体体现,这种安全意识又需要学生将其贯穿于生活的方方面面,因此,有效引导学生树立安全意识是"生·长"教学主张的重要体现,也是思想政治教育教学需要重视和研究的内容。同样的,学生安全意识的教育也是一个系统工程,需要从学校层面上进行整体设计,初中思想政治课教学也要在课程教学中充分挖掘教材内容,做好学生的安全意识教育工作。

有人说"思想决定意识,意识决定行为",意识是思想和行为之间的纽带,有了意识,思想才能在行为中得到体现。对于校园安全问题,这样的认识同样也适用。在校园安全教育工作中,安全意识的树立是重中之重,有了安全意识才会有安全行为,学校安全教育才能得到保障。

一、学校安全教育工作新认识

学校的安全工作事关学生的生命安危,关系到学生健康成长和人才培养的质量,关系到千千万万个家庭的幸福,关系到党和政府在人民群众中的威信和形象。有人将学校的安全教育工作比作"1",学校的教学质量、办学特色等各项工作比作"1"后面的"0",只有"1"存在,后面的"0"才有意义。可见安全教育工作在学校工作中的地位是举足轻重的。

针对学校的安全教育工作,学校在上级有关部门的指导下形成了比较完善的安全制度,制定了一系列的安全预案和防范措施,构建了完备的安全教育体系。但仅仅有制度和措施是不够的,制度和措施的落实要靠人,校园安全教育工作的相关人员是否具有安全意识更重要。很多血的教训告诉我们:安全意识薄弱是多数事故发生的主要原因。

一说到校园安全问题，我们很容易想到由交通、游泳、公共卫生和食品卫生、用火、用电、集体活动、自然灾害、校园设施、学生之间或者校外人员带来的不法伤害等引起的安全问题，比较容易忽视由心理问题、教学活动等引起的隐性安全问题。近几年，由于心理问题引发的校园安全问题屡有发生，这类问题逐渐引起了人们的重视，人们开始意识到学生甚至是教职员工的心理问题没有得到有效的控制和解决也是校园安全问题的隐患。校园安全问题涉及校内也涉及校外，有些是显而易见的，而有些是容易被忽视的，可见，我们所面临的校园安全涉及校园内外的方方面面，形势比较严峻，需要我们有足够清醒的认识。

二、学校日常教育活动新实施

"意识决定行为"，而意识的形成又必须通过行为不断地强化才能树立。树立安全意识，要求学校将安全教育工作落实到学校日常的教育教学工作中。

（一）在常规教育中学习

对师生进行有关安全工作的法规、要求及相关知识的学习和培训，是师生树立安全意识的基础。通过教工大会或专题学习的方式组织老师和相关人员学习《中小学公共安全教育指导纲要》《中小学幼儿园安全管理办法》《学生伤害事故处理办法》等有关要求和规定，以及常见事故的预防和学校制定的突发事件处置预案等。通过晨会课、主题班会课及日常常规教育活动，对学生进行安全知识、法律知识和心理健康等方面的教育，增强学生对相关安全问题的认识，掌握有关的自我保护的技能和方法，帮助学生树立正确的人生观、价值观，保持积极向上的精神状态。抓住每一次教育的机会，利用好每一种教育形式，从各个方面详细地向学生讲解注意事项，引导学生遵守学校提出的安全要求，使师生们对校园安全问题能认识到位、行为有范、处置有度。

（二）在课堂教学中落实

课堂教学是学校教育的主渠道，安全教育也应该在课堂教学中得到落实，广大教师在自己的学科教学中要有意识地将本学科的教学与安全教育结合起来，善于挖掘和利用本学科教学中可用于安全教育的内容。例如，语文老师在进行《紫藤萝瀑布》教学时,引导学生感悟"花和人都会遇到各种各样的不幸,但是生命的长河是无止境的",将珍爱生命的教育渗透其中,让学生理解生命的意义,这也是另一种形式的安全意识教育。

思想政治课作为中学的一门主要课程,是德育的主阵地。学校要重视和发挥思想政治课的作用,广大思想政治课教师要改进教学方法,用好可为学校安全教育所用的教学内容,提高教学的有效性。例如,讲到"珍爱生命"时,教师让学生通过观察感受生命世界的多彩神奇,设计和参与以"珍爱生命"为主题的爱心行动,理解和体会珍爱生命、善待生命的意义。再如,学习"法律护我"这个单元时,教师可以通过"自我保护大家谈"和"阅读与研讨"等形式,增强学生自我保护的意识,让学生学会在日常生活中自我保护的方法和技巧。

学生的体育运动伤害和实验安全也是校园安全教育的一个值得关注的问题。体育教师本身在从事体育教学时要关注和防止在本学科教学中的运动伤害,在体育课堂教学中要教给学生避免运动伤害的技能和相关的常识,如学会运动前的热身,运动过程中的自我防护,运动后的恢复、调整等;物理、化学和生物学科是有实验教学任务的学科,教学过程中实验教学占了一定的比重,在进行实验的过程中,老师要严格按照操作规程进行演示,指导学生进行实验,对实验器材和药品要注意其质量和使用日期,防止因为器材不合格发生意外,把安全意识的教育贯穿在学科教学中。

(三)在多方配合中拓展

学校的安全教育不仅仅是学校的事,需要学校动员各方力量,积极拓展教育资源,使学校的安全形成多方合力,这既丰富了安全教育的渠道和内容,又因为把教育放在具体的社会情景中,从而增强了教育的有效性。

组织学生参加社区主办的"安全进社区"宣传活动,既能让学生在活动中用所学的安全知识帮助社区的居民树立安全意识,做好安全防范工作,又能让学生在活动中进一步理解自己在校园中所学的安全知识和技能,使安全意识在活动中得到强化和实践。

利用家长会和《给家长的一封信》的形式,在每学期的开学初、期中和期末阶段和寒暑假放假之前,对家长们进行相关的安全教育和有关安全情况的通报,对家长们在不同的阶段要注意什么样的安全问题提出预报,并对家长如何配合学校做好相关工作提出要求,把学校的安全工作延伸到家庭,发挥家长的力量来共同有效地做好安全教育,如每到春夏之交,天气转热的时候就适时地就"游泳安全"问题发出《给家长的一封信》,对游泳安全问题进行预警,并对家长提出相关的注意事项,有效杜绝安全隐患。

请担任学校综治副校长的派出所所长、学校的共建单位武警消防支队的警官和工商、检验检疫的有关人员为师生们开展法制教育、消防安全和食品卫生安全等讲座,这些来自第一线的相关案例往往能给师生们带来震撼,能有效地提高师生们的法制意识、消防安全意识和食品安全意识。

(四)在专题演练中强化

专题安全演练可以让师生的安全意识进一步强化,逃生技能在演练中得到实践和锻炼,学校的安全疏散管理得到检验。学校每年可以组织师生参加全市的"试鸣防空警报"演习和学校组织的"地震、消防演练"。在专题演练中,学生置身在这样的情景中,可以真切地体会到灾害给人们带来的威胁,师生们可以有针对性地将学校制定的预案和避险技能进行演练,学校可以从中对学校安全教育的落实情况进行检阅,及时发现存在的问题,以利于在接下来的安全教育工作中加以改进。

三、学校安全教育活动新关注

(一)认识到位

树立安全意识,落实学校安全教育工作,师生们要知道相关的法律规定和具体的操作规范,在日常的教与学的行为中落实,首先师生要做到认识到位,对安全教育的理解要全面。它的外延很广,内涵很丰富,要求很具体。在进行安全教育时,我们不要仅仅为安全而谈安全,与安全相关的生命教育更能让师生关注安全,对珍爱生命有一个比较深刻的认识,明白安全教育的内容和具体要求有助于我们相关工作的到位、全面。我们对学校安全教育的严峻性、复杂性和长期性要有深刻的认识,对学校安全教育要有所规划,常抓不懈,细水长流,不是有事时搞一搞,没事时放一边。"养兵千日,用在一时",被称为地震震出的"最牛校长"——四川安县桑枣中学校长叶志平,因为平时对全校师生安全意识的常抓不懈,使全校师生在大震来临时无一伤亡的例子很值得我们思考和借鉴。

（二）关注细节

学校的设施是否符合安全要求,我们往往只关注到建筑的质量、设备的可靠,却对一些细小的变化经常疏忽,如下雨天地板滑,我们是否对地板的防滑作出相应的对策,是否及时用警示标语对师生进行提醒;很多校园的大门都是电动的伸缩门,我们是否在门上装上了警示灯和提醒注意的标语;校园各建筑物内部的电路和所配备的消防设备,每使用一段时间是否就有专人进行巡查,防止因电路老化和设备过期引起的安全隐患;学校门房的管理是否严格,人员出入能否落实登记制度等,这些都是细节,对细节的关注往往能使我们将安全隐患及时排除。所以,关注细节应该成为我们安全意识中的重要组成部分。

事故经常是由细小的疏失引起的,在进行相关安全教育时也需要我们关注细节。例如进行安全演练,学校要对演练的逃生路线和平时学生体育课间集合的路线进行统一的规划,使之与学生每一次疏散集合的路线一致,学生们每天都在重复这条路线,一有紧急情况,不用任何提醒,就懂得找到自己的疏散路线;在安全演练中要对疏散原则、演练要求进行详细的布置,特别是在一些容易出现危险的地方——上下楼梯的拐角处等地方进行细致、到位的安排,为增强演习的逼真效果,适当在不同位置放置烟幕弹,让师生感受到危险的氛围,让学生能够正确地领会"弯腰低头,手捂口鼻"等动作要领。在演练过程中,关注细节可以防止在安全教育的过程中出现安全问题,使演练的效果更好。

关注学生中出现的新情况,及时了解学生的动态,也是校园安全关注细节的体现。学校、老师在日常的教育教学中对学生的思想、心理要了解细致、全面和深入,才能及时发现问题,及时有针对性地采取有效措施;学校可以由专门人员在各班级设立班级信息员,构建学校的信息网络,掌握学生中出现的思想动向和心理动向,以便及早介入,及时调解学生之间的矛盾,避免恶性案件的发生。有些学生之间因矛盾引发的恶性案件,如果学校和老师能及时发现苗头,很多是可以及时制止的。

俗话说"安全无小事",任何一件小事都可能引发安全问题。因此,树立安全意识,落实学校的安全教育需要我们对安全工作认识到位,要关注事关安全的每一件小事、每一个环节、每一个细节。

第三节　树立学生的法律意识

把学生培养成"时代新人"，需要培养学生具有规则和秩序意识，特别是具有法律意识，这是作为现代公民的重要素养。"生·长"教学主张的"长"的"长知识、长思想、长健康、长事理、长报恩、长信仰、长情怀"的目标的实现，其中重要内容之一就是学生的法律意识的培养。

学生正处于世界观、人生观和价值观形成的关键阶段，引导学生感悟人生，形成基本的善恶、是非观念，过积极健康的生活是思想品德课的课程目标之一。这个目标能否实现，学生对法律知识的学习起着举足轻重的作用。《课程标准》对课程目标做了如下规定："本课程以加强初中学生思想品德教育为主要任务，帮助学生提高道德素质，形成健康的心理品质，树立法律意识，增强社会责任感和社会实践能力……"①

可以说法律教学是初中思想政治课的重要教学内容，但《课程标准》根据思想品德教育的目标，从初中学生的认知水平和生活实际出发，围绕成长中的我，我与他人、我与集体、国家和社会等的关系，整合道德、心理健康、法律和国情教育等内容。法律知识的教学没有以知识整体呈现在教材中，而是分散贯穿在初中7～9年级的思想品德课的不同模块中。分散在不同年级、不同的教学模块中的法律知识的教学，要求通过法律教学让学生"知道基本的法律知识，了解法律的基本作用和意义"，培养学生"尊重规则，尊重权利，尊重法律，追求公正"的情感；"能够理解法律的规定及其意义，理解社会生活中的必要规则，能遵纪守法，增强寻求法律保护的能力"②，以便达到"树立法律意识"的目的。

法律意识是人们关于法律和法律现象的思想、观点、知识和心理的总称，它表现为人们的法律动机（法律要求），对自己权利和义务的认识（法律

---

① 中华人民共和国教育部.全日制义务教育思想品德课程标准[M].北京：北京师范大学出版社，2005.

② 中华人民共和国教育部.全日制义务教育思想品德课程标准[M].北京：北京师范大学出版社，2005.

感),对法、法律制度的了解、掌握、运用的程度及对行为是否合法的评价等。根据初中学生思维、认识发展的特点,为了达到这个目标,在法律教学中应该围绕法律意识树立过程中的法律知识教学、法律思维培养和法律实践表述三个方面进行探讨。

一、法律意识树立的基础

具备一定的知识只是基础,是意识树立的基础,也就是说,只有对事物有了一定程度的理解和认识,才会形成一定的意识。学生法律意识的树立必须建立在掌握、理解法律知识的基础上,只有具备了一定的法律知识,才能谈得上树立法律意识。但初中生刚开始学习法律知识时,由于他们正处在由感性、具体的思维向抽象、逻辑思维发展,并逐渐过渡到抽象逻辑思维的过程中,思维还经常受到具体形象的影响,对许多问题的理解和剖析还是会习惯性地关注表面的直接的关系,或者难以突破感观经验的限制而达到对现象的本质的了解,所以对权利、义务、违法和犯罪等比较陌生的法律名词、法律规定和法律条文的学习,往往会感觉到吃力,影响了法律学习的效果。

陶行知先生说:"我们必须有从自己的经验里发生出来的知识做根,然后别人的相类似的经验才能接得上去。倘使自己对某事毫无经验,我们决不能了解或运用别人关于此事之经验。"[①]学生的生活经验深刻地影响着学生的思维方式、态度及行为。因此,从学生的"最近发展区"出发,将学生即将学习的法律知识嫁接在原有的生活经验的基础上,有利于学生法律知识的学习,提高学生对法律知识的理解。

例如,在"公民依法享有选举权和被选举权"的教学中,"公民依法享有选举权和被选举权"是教学重点。教师通过本课的教学引导学生了解我国的选举制度,让学生深刻认识到选举权利是公民最基本的政治权利,有助于我们进一步认识到我国的国家性质和人民的主人翁地位;同时,对即将年满18周岁的中学生来说,提前了解公民在政治生活中享有的最基本的政治权利,了解选举权利是庄严神圣的,不仅可以提高选民的政治素质,而且可提前树立选民的意识:要珍惜自己的选举权利,珍惜自己的选票,把选票投给自己最信赖的、符合条件的人选。但学生毕竟没有经历,理解这些

---

① 陶行知:教学做合一讨论集[M].上海:上海儿童书局,1943:33-34.

还有一定的难度。为解决这个问题,教师在教学过程中可以设计"现场调查"环节:让学生谈自己从小学到中学,参加班干部选举的活动的体会,重点抓住"你一般情况下会投什么人的票?""哪些同学希望通过选举当上班干部?请举手。""你为什么赞成选举产生班干部?"这三个问题,通过学生的回答和探讨,进而从"班干部选举"——"管理班级"的模式导出"使用选举权利"——"管理国家"的模式,于是就水到渠成地使学生深刻认识到选举权利是公民最基本的政治权利,同时形成两者模式的对比。这样由具体到抽象的教学,学生就容易掌握相关的法律知识,树立法律意识。

法律知识教学由具体到抽象还体现在教师通过创设情境、观看录像、阅读材料、模拟现实、讨论辩论等形式引发学生积极行为,避免消极行为甚至违法犯罪行为的发生。

二、法律意识树立的保证

法律意识是一种观念的法律文化,对法的制定实施是非常重要的。树立法律意识需要一定法律思维的培养。从法律的角度来说,法律思维是指法律职业者的特定从业思维方式,是法律职业者在决策过程中按照法律的逻辑,来思考、分析、解决问题的思考模式,或叫思维方式。它具有逻辑严密,客观公正,以事实为根据,以法律为准绳,掌握运用法律术语,对事物用法律的角度观察、思考和判断等特点。"事实"与"法律"是法律思维的两个要素。对初中生进行法律思维的培养,还不必达到法律职业者的法律思维层次,只需懂得将所学的法律知识用于思考生活中的法律问题,指导和评价自己和他人的行为。

初中生要将法律知识用于实践,刚开始往往会感到无所适从,不知从何下手,典型表现在对法律案例的分析、遇到法律问题不知怎样思考,理不清思路。教师帮助学生理清运用法律的要素是培养初中生法律思维的重点,因为抓住了用法律思考问题的要素,学生也就初步学会了法律思维,而学会了法律思维将大大提高学生运用所学的法律知识进行分析、判断和解决问题的能力,保证学生能树立法律意识。

需要指出的是,教师在培养学生初步法律思维的过程中,应以学生的认知水平为起点,将复杂的问题简单化,把学习思维简约化,解决问题的思路条理化。这就需要教师对法律思维要素进行提炼。

为了培养学生初步的法律思维,教师在课堂教学中应首先从案例出发,运用表格比较直观地帮助学生理清思维过程,在理清思维过程中提炼"事实"与"法律"这两个法律思维的要素。

例如,社会青年小黑,1992年6月出生,在2007年1月14日至16日期间,连续到某校附近的公交车站、周边道路上抢劫该校多名学生的e通卡、MP3等钱物,并殴打一名学生致重伤,造成了恶劣的影响。学校领导非常重视,保卫干部和老师会同辖区的派出所积极进行排查,寻找线索,终于破案,抓获了犯罪嫌疑人小黑。检察院经过审理即将向法院起诉。

教师可以提问学生:"我们学过的哪些法律知识与这个案例有联系?产生这样联想的根据什么?"同时,教师要求学生填写下表。在此基础上,教师再接着提问:"案例体现了对未成年人实施了哪些方面的保护?老师设问的依据是什么?"

教师在学生填写表格的基础上进行归纳、总结,让学生直观地感受到解决问题的思考过程,从而得出结论:因为有关案例中所列的事实,才联想到已经学过的法律知识中的有关"法律保护"的知识(图5-1)。

联想到的法律知识	联想的依据
一般违法与犯罪的区别	小黑的犯罪事实
学校保护、社会保护、司法保护的基本内容	学校、派出所、检察院
公民享有的权利中的生命健康权、财产权	学生受侵害的事实
树立维权意识和未成年人获得法律帮助的方式和途径等	学生受侵害

↓ ↓

法律准绳　　　　　　　　事实依据

图5-1 由事实联想到的关于法律保护的知识

教师在图5-1的基础上告诉学生表格中的联想依据就是指"事实依据",联想到的法律知识就是判断、分析问题的"法律准绳"。通过以上表格,教师可以引导学生归纳出法律知识的学习和法律问题的解决要紧紧抓住我国司法审判中的基本原则,也是法律思维的两个要素——"以事实为依据,以法律为准绳"。

教师接下来就要引申探究以上案例,要求学生接着回答这个问题:"检察院为什么要起诉小黑?"

答:(1)每个人都应该对自己的行为负责。违反法律要承担相应的法

律责任,情节严重者还会受到刑事制裁;已满14周岁不满16周岁的未成年人故意伤害致人重伤的,应负刑事责任。(法律知识)

(2)小黑今年已满15周岁,多次抢劫钱财,殴打他人致人重伤,社会影响恶劣。(事实)

(3)小黑应该受到刑事处罚,所以检察院要起诉小黑。(结论)

在整个教师提出问题、学生解答问题的过程中,学生就一步一步学会了如何将遇到的问题中的有关信息与学过的法律知识相联系,体会"以事实为依据,以法律为准绳"的含义,并在分析、判断和解决"检察院为什么要起诉小黑"的问题中,让学生进一步体会"以事实为依据,以法律为准绳"这条法律原则如何体现在具体的问题中,在解决问题的过程中树立了法律意识,初步形成了法律思维。

三、法律意识树立的落点

对于初中生来说,法律意识的树立直接体现在法律实践的表述上。教师要求学生在理解、掌握有关的法律知识的基础上,能学以致用,即用所学的法律知识分析、判断和解决生活中的实际问题等,这样的一种能力直接体现在学生的表述是否准确、到位上。从法律专业的角度来说,法律实践的表述能力可以分为法律实践的口头表达能力和法律实践的书面表达能力两个方面①:以口头的方式与他人交流,表达自己对特定事实或问题的认识和看法,或以书面的形式表达自己对日常生活中的法律问题、案例的分析判断。因此,法律实践表述能力的培养是学生学习法律知识、树立法律意识的一个重要体现。

一般情况下,教师在教学中也会重视学生法律实践表述能力的培养,并对学生的表述提出一些规范要求。例如,有的教师对学生法律实践的书面表述提出如下要求:

(1)分析问题时要注意的几个要素:①弄清问题,即要解决什么问题或哪些问题;②问题设问的角度,是从"是什么""为什么""怎么办"三个角度分析,还是从其中某一个或两个角度分析;③问题设问中有没有指向性或限制性条件,如"从……角度""结合(联系)……"等;④回归教材,找准知识

---

① 葛洪义.法律方法·法律思维·法律语言[EB/OL].(2002-10-21)[2020-11-20] http://www.chinacourt.org/article/detail/2002/10/id/15663.shtml.

点,即运用哪一课或哪几课的什么知识点(法律知识、法律名词和法律规定)等。

(2)运用法律知识解决实际问题时要有层次性、逻辑性、全面性,做到要点化、序号化、段落化。

(3)语言要规范、简洁,恰当运用政治术语,等等。

应该说以上的指导和要求,教师已经尽可能地做到了清晰、明了,但在教学实践中,学生还是认为这样的指导太过抽象,不便于记忆,更不便于使用,似乎有把简单的问题复杂化的嫌疑,导致的后果是使学生思维受限,出现思维混乱、表述不清的情况。

教师要解决这个问题,可以尝试着将学生引导到"以事实为依据,以法律为准绳"这个法律思维特点,引进"三段论",指导学生建立如下的表述逻辑,便于学生依样画葫芦也学会表述。具体如下:

①大前提:法律知识、法律名词、法律规定、法律条文→法律准绳;

②小前提:案例中所描述的事实→事实依据;

③结论:对这个案例,其中的人物或事件的评价、态度等→结论。

同时指出:大前提即所运用的法律知识一旦是错误的,则得出的结论肯定出错。

由于初中生的年龄特点和学习水平,教师不必要对"三段论"做过多的讲解,之所以引进"三段论",目的在于最大限度地将法律实践表述的要求简单化,便于学生记忆,便于学生依样画葫芦地学习如何进行文字表述,扫清学生学以致用的障碍,增加学生学习法律的自信和兴趣,进而帮助学生完善知识结构,提升学习和生活经验,促进学生良好学法、用法意识的形成。

为了帮助学生理解和使用"三段论"在法律实践中的运用,教师可以设计一些题目让学生进行练习。

例如,让学生根据"三段论"表述自己对2007年3月初发生的"史上最牛的钉子户"事件中,女主人手拿法律文件,召开记者会的一些言行的看法。

答:①《中华人民共和国宪法》规定:公民的合法的私有财产不受侵犯。国家用法律手段对公民的财产所有权加以保护,公民在社会生产和生活中,通过劳动和合法经营所累积的财富(包括房屋),是公民个人的私有财产。(法律知识和规定)

②上述材料中的房屋属于"钉子户"所有,"钉子户"运用宪法有关保护

公民私有财产的规定维护自己的合法权利。(简要叙述材料描述的事实)

③这位户主运用法律武器维护自己的合法权利的做法是正确的。(结论)

通过这样的训练,学生基本能掌握"以事实为依据,以法律为准绳"的法律思维过程,运用简单"三段论"来表述自己的法律判断和思考,强化了他们的法律意识,较好地解决了学习法律知识思路不清,表达不完整、不准确的问题,确实提高了法律学习的有效性。

"以事实为依据,以法律为准绳"和"三段论"逻辑推理等知识,初中生还没有学过,也许会有"超纲"的嫌疑,但这两个知识的引入,目的在于使学生在初学法律知识的时候,能够容易认识和掌握法律的思维方式。教师不需要做太多的分析和解释,如果去做太多的分析和解释,反而又使简单的问题复杂化了。

法国哲学家笛卡儿从逻辑学、几何学和代数学中发现了4条规则,其中之一就是:思想必须从简单到复杂。看电视的时候经常会看到广告,细心的人会发现那些朗朗上口的、简洁明了的、通俗易懂的广告词往往会让你记忆长久,如"新北京,新奥运""同一个世界,同一个梦想"等。实际上这就是运用了广告传媒界一条很有名的定律:广告超过12个字,读者的记忆力要降低50%。这条定律是由澳大利亚广告家赫斯提出的,因此叫作赫斯定律。这条定律给我们教学的启示是:将复杂的知识,简单明了地梳理出来有利于学生的记忆和理解,因此,在教学中,化繁为简、变滥为约是提高学生学习和思维效率的第一要义。

在思想品德法律知识的学习过程中,要让思维处在成长过程中的学生学会运用法律的思维来思考和解释、分析生活中发生的简单法律问题,同样需要教师根据学生现有的认知水平,对学生的思维训练有一个从简单到复杂的过程,以便于学生建构知识。

第四节　培养学生的学科创新思维

思想政治课是中学的主要课程之一,在实施创新教育中具有得天独厚的优势。创新思维的培养是学生生命成长的重要内容,也是"生·长"教学主张的重要体现。笔者从思想政治课学科特点出发对思想政治课创新教育的内容和目标进行分析,分析其创新的可能性及思想政治课创新教学的基本原则,并在此基础上论述了在思想政治课教学中培养学生创新思维的策略。

一、实施创新教育的学科必要

"高中思想政治课程紧密结合社会实践,讲授马克思主义基本原理,讲授马克思主义中国化成果特别是习近平新时代中国特色社会主义思想,引导学生经历自主思考、合作探究的学习过程……"①习近平新时代中国特色社会主义思想是马克思主义中国化的成果,是马克思主义与中国实际相结合的实践成果,这样的成果是一种创造,是一种伟大的创新。

"无产阶级认识世界的目的,只是为了改造世界,此外再无别的目的"②。从一定意义上说,改造就是创新。19世纪40年代,马克思、恩格斯在批判吸收前人研究的基础上,创立了马克思主义,这是一个伟大的创新;列宁根据俄国的国情,开辟了社会主义首先在落后的资本主义国家取得胜利的道路,建立了世界历史上的第一个社会主义国家,发展了马克思主义,建立了列宁主义,这是一种创新;以毛泽东为核心的第一代领导集体领导中国共产党和各族人民,运用马克思主义的立场、观点、方法,在全面总结中国革命的历史经验和科学分析中国社会实际情况的基础上,成功地把马克思主义普遍真理同中国革命的具体实践相结合,形成了中国化马克思主义理论和策略——毛泽东思想,这是一种创新;以邓小平为代表的中国共产党人,在总结中华人民共和国成立以来正反两方面经验的基础上,在研究国际经验和世界形势的基础上,在改革开放的实践中,找到了中国建设社会主义的正确道路,创立了具有中国特色的社会主义理论,这是一种创新。

马克思主义认为,人与社会有着质的统一性——人是构成社会的基础,社会是人存在的形式;人是社会的人,社会是人的社会。因此,讲社会离不开人,讲人也不能脱离社会。正如马克思所说:"难道探讨这一切问题

---

① 中华人民共和国教育部.普通高中思想政治课程标准(2017年版2020年修订)[M].北京:人民教育出版社,2020:1.
② 毛泽东.人的正确思想是从哪里来的[M]//毛泽东著作选读(下).北京:人民出版社,1986:839-840.

不就是研究每个世纪中人们的现实的、世俗的历史,不就是把这些人既当成剧作者又当成剧中人物吗?"①人是历史的创作者,又是历史的剧中人,一方面,人作为历史的剧中人,必然要受到社会历史的制约,一定历史条件下的社会关系的总和规定了人的活动方向与性质。人的本质并不是单个人所固有的抽象物。在其现实性上,它是社会关系的总和,即人的思想感情、观点信念和心理意识都是社会关系的反映。另一方面,我们应该看到也不能忘记这个事实:人作为历史的创作者,社会历史这部剧是由人编导的;社会是由自觉的个体组成的,首先有了人,才会有社会和社会关系。在人与社会的关系中,人是受动和能动的统一体,但能动是人的更为本质的一面,是人与动物的分别所在,"人,像动物一样,服从着社会的各种法则,但是除此之外,还能积极地参与创造和改变社会生活形式的活动。"②可见,人并不是完全听命于社会关系摆布的被动生存物,而是能够自觉地、能动地认识和改造社会的。当社会不能满足人的生存和发展需要时,"世界不会满足人,人决心以自己的行为来改变世界"③,从而改变自己的生活、生存条件,创造一个有利于自己发展的社会环境。这便是创新的活力机制。由此我们不难看出,人作为社会的主体,既是社会历史的生成物,更是社会历史的创造者。没有个体的认识和实践活动,也就没有社会历史。

思想政治课便是通过传授马克思主义的基本原理来达到改造人的主观世界和客观世界的目的,是一门改造社会、改造人本身的学科。因此,它应该是一门立足于社会科学领域进行创新教育的学科。

二、实施创新教育的理论基础

(一)马克思的辩证唯物主义和历史唯物主义

马克思主义的辩证唯物主义与历史唯物主义是马克思主义的世界观和方法论。它认识客观世界的观点是唯物的,它认识世界的方法是辩证的。把马克思主义的辩证唯物主义运用到社会历史研究中去便是历史唯物主义。思想政治课进行创新教育依然要以马克思主义哲学作为方法论

---

① 马克思,恩格斯.马克思恩格斯全集(第 4 卷)[M].北京:人民出版社,1958:149.
② 恩斯特·卡西尔.人论[M].上海:上海译文出版社,2013:381.
③ 列宁.哲学笔记[M].北京:人民出版社,1974:229.

的基础。只有以马克思的辩证唯物主义和历史唯物主义为指导,才能坚持正确的方向,具有普遍的意义。例如,研究思想政治课的创新教育,就必须从思想政治课的教育对象——中学生的生理、心理及进行创新教育的实际进行深入的研究,为此,以马克思主义的辩证唯物主义和历史唯物主义作指导,才能把现在中学思想政治课创新教育现状的分析建立在科学的基础之上,也才能认识到思想政治课创新教育的重要性和必要性。思维品质的培养,需要辩证的思维品质,马克思主义活的灵魂,在于具体问题具体分析,是培养创新教育的经典教科书。"只有具备了辩证唯物主义和历史唯物主义的观点和方法,才能指导学生正确地观察、分析和解决各种问题。"①

(二)毛泽东的认识论和实践论

"一个正确的认识,往往需要经过由物质到精神,由精神到物质,即由实践到认识,由认识到实践这样反复,才能完成。"②毛泽东同志的认识论和实践论对今天的思想政治课创新教学具有指导意义。

毛泽东是中国学习马克思主义的杰出代表,光辉的典范。他在马列主义哲学思想的指导下,总结丰富的新民主主义革命的实践经验,写出了《实践论》和《矛盾论》。前者着重强调认识客观世界的唯物论的观点,要求人们无论从事何种革命工作都要从实际出发,理论联系实际,依据情况决定政策;后者强调认识客观世界的方法,要求人们用"一分为二"的方法看问题,办事情永不满足现状,勇于开拓进取,创造性地开展工作,反对形而上学"一点论",反对用静止、片面、绝对化的观点看问题,反对思想僵化,停滞不前,满足现状。《实践论》《矛盾论》大大丰富和创造性地发展了马克思主义的辩证唯物主义和历史唯物主义的哲学,是创新的经典之作。

人的认识来源于实践,又回到实践。这个过程本身就是一个创造的过程。皮亚杰说过:"理解即创造。"思想政治课不仅仅要教给学生抽象的马克思主义理论,更重要的是要教给学生如何用所学的马克思主义的立场、观点和方法去发现问题、解决问题。这个过程就需要学生去理解所学的知识、应用所学的知识,这个过程是一个"实践——认识——实践"的过程,同时也是一个创新的过程。

---

① 赵为民.注重学生能力的培养[J].政治教育,2000(05):23.
② 毛泽东.人的正确思想是从哪里来的[M]//毛泽东著作选读(下).北京:人民出版社,1986(08):839-840.

(三)教育心理学理论

思想政治课创新教育要以心理学的科学理论为基础。思想政治课创新教育,是教师从思想政治课学科的教育教学内容出发,根据教育对象的心理发展特点和创新教育的一般规律,所采取的教学策略。美国心理学家吉尔福特(J.P.Guilford)曾通过统计实证说明:"创造力与智力之间基本存在着一种正相关趋势;智商越高,则与创造力的相关性越低,智商在130以上者,创造力可能分布很散,智商高者未必创造力高。"[1]但是,大量研究表明,创新思维与人的非智力因素密切相关,如求知欲、独立性、灵活性、坚韧性等人格特征。这告诉了我们,人人都可以有创新思维,人人都会进行创新思维,我们在思想政治课创新教育的过程中要检讨我们原有的教育观念、教学手段、教学方法等,探讨符合思想政治课创新教育的途径。再比如:建构主义(constructivism)提出,儿童是在与周围环境相互作用的过程中,逐步建构起关于外部世界的知识,从而使自身的认知结构得到发展。建构主义本来是源自关于儿童认知发展的理论,由于个体的认知发展与学习过程密切相关,因此,利用建构主义可以比较好地说明人类学习过程的认知规律,即能较好地说明学习如何发生、意义如何建构、概念如何形成,以及理想的学习环境应包含哪些主要因素,等等。这些理论对思想政治课如何进行创新教学,具有非常有益的借鉴意义。

三、实施创新教育的目标建构

未来学家奈斯比特以为"创新能力是迈向未来的重要能力。"[2]只有在强烈的创新精神的引导下,人们才可能产生强烈的创新动机,树立创新目标,充分发挥创新潜力,释放创新激情,进行创新活动。

思想政治课创新教育应从本学科的特点出发,以吉尔福特提出的创造人格特点和戴维斯提出的创造性人物共有的人格品质为理论依据,确立思想政治课创新教育的目标。

创新意识:有远大的理想和抱负;关心集体,具有服务社会、团结协作

---

[1] 朱智贤.心理学大辞典[M].北京:北京师范大学出版社,1989.

[2] 约翰·奈斯比特.大趋势:改变我们生活的十个新方向[M].北京:中国社会科学出版社,1984:258.

的精神;热爱学习,乐于创新,乐于向困难挑战,有探索和发现新知的强烈动机。

创新的个性特征:具有好奇心,兴趣广泛又专一;求知欲强,有艰苦奋斗的精神;自信心强,不怕挫折;独立性和自主性强,乐于独立思考,有独立的见解;工作认真,一丝不苟;富于幽默感。

创新的思维品质:思维灵活、深刻、流畅;善于观察,善于发现问题,乐于追根溯源;富于想象力;注意力集中,记忆力强,创造情绪持久,有创造热情;勇敢有恒心,富于挑战性和冒险性;具有艺术上的审美观;掌握初步的辩证思维的方法论原理。

创新技能:社会调查、查找资料、与人交往、分工协作、分析判断等符合创新思维的具有普遍性和实用性的操作法则。

四、实施创新教育的教学原则

思想政治课创新教育的教学原则是关于创新教学活动的基本指令与要求,是人的主观能动见之于创新实践活动的生动反映,是思想政治课创新教学活动主体(教育者、受教育者)的认识不断发展、不断飞跃的结晶。思想政治课创新的教学原则既反映了教的规律,又反映了学的规律。从思想政治课的学科特点出发,思想政治课创新教育应遵循以下教学原则。

(一)坚持"本本"与反对"本本"主义相统一的原则

思想政治课所谓的坚持"本本"与反对"本本"主义相统一就是从创新教育的基本原理出发,结合思想政治课教材的教学内容挖掘可供创新教育教学的知识点;反对"本本"主义,要求在思想政治课创新教育的过程中不能单纯以原有的原理和内容为创新教育的范本。因为固守原有的又与创新教育的内涵相背离,是不符合创新教育的宗旨的。比如,在实践面前已经被证明是扼杀学生创新思维的教学观念、教学方法、教学手段,我们要大胆摒弃,而一些原来没有的,在实践中又被证明是符合创新教育宗旨的,能够培养学生的创新精神的,我们要大胆地采用。

"没有调查就没有发言权。"[①]思想政治课创新教育坚持这个原则就要

---

① 毛泽东.反对本本主义[M]//毛泽东著作选读(上).北京:人民出版社,1986(08):48.

求我们以教学的实践为基本的落脚点。进行创新教育不能凭空想象,自以为是。

(二)"古为今用"与"洋为中用"相统一的原则

"古为今用,洋为中用",在字面上前者是继承,后者是借鉴。怎样批判继承和借鉴就是创新?在思想政治课创新教育中,古为今用,洋为中用,是一条很重要的基本原则。

马克思和恩格斯在《德意志意志形态》中指出:"观念、思维、人们的精神交往是人们物质关系的直接产物,表现在某一民族的政治、法律、道德、宗教、形而上学等的语言中的精神生产也是这样。"[①]任何传统的道德都深深地植根于民族的土壤之中。中华民族历史悠久,与之相应的中华传统文化与道德,经历了漫长的发展过程,在这发展过程中沉淀了大量积极的有用的精神养料,同时也存在着消极的、糟粕性的精神垃圾。思想政治课的一项重要任务之一,就是用马克思主义的立场观点和方法去批判吸收中华民族的传统美德,而这些传统美德的批判吸收就是一种创新。在这种创新过程中,我们还能挖掘出思想政治课创新教育的内容,如忠心报国、勤学身行、诚实正直、自强不息等,这些与思想政治课创新教育的目标要求是一致的。"洋为中用"也是一种创新借鉴西方的文化,批判吸收为我所用。因为有了马克思主义与中国的实际相结合,才有了马克思主义在中国的发展——毛泽东思想、邓小平理论。在思想政治课初三教材中"改革开放"的教学内容,就是一个洋为中用的教学知识点。

(三)改造客观世界和改造主观世界相统一的原则

改造客观世界和改造主观世界,是思想政治课教学的一个重要的内容,也是思想政治课创新教育的两项重要任务。这两项任务是统一的。在改造客观世界的进程中,我们的主观世界可以得到磨炼和提高。我们的主观世界不断得到改造,就可以推动我们更好地改造客观世界。改造主观世界,关键是要牢固地树立正确的世界观、人生观和价值观。改造主观世界,就是要始终保持一种坚韧不拔、奋发有为的良好精神状态,这正是创新性的人格品质。

思想政治课创新教育的目标,就是要在学习马克思主义基本原理、立

---

① 马克思,恩格斯.马克思恩格斯选集(第一卷)[M].北京:人民出版社,1972:30.

场、观点和方法的前提下,用之于改造学生的世界观和人生观——主观世界,在这个前提下,指导学生用于指导自己的言行和实践——客观世界。应该说这两个过程是充满创新的特质的,如果没有创新精神的体现是无法达到最终目的的。

(四)理论联系实际的原则

思想政治课担负着传授马克思主义理论基础知识的重任,要使学生理解和掌握马克思主义理论基础知识,不讲理论联系实际不行。教师通过理论联系实际的讲解和学生自己的思考练习,使学生理解并形成概念,接受和掌握所学原理,同时,引导学生把学习马克思主义理论基础知识同如何运用相结合,通过对客观事物的观察、对不同观点的辨别、对复杂事物的分析及对错误观点的批驳等多种形式的理论联系的练习,使学生培养和锻炼认识问题的能力,提高思想政治觉悟和道德行为水平,这也培养了学生的创新能力。把生活的实际素材引入课堂,是政治课教学理论联系实际的一种形式。"创造性思维的最后源泉不是在课本中,而是在生活中。"[①]在课堂教学中巧妙地运用生活的实际素材,可以帮助学生加深对基本概念、基本理论的理解,可以提高学生分析问题、解决问题的能力。生活的实际素材运用不能只满足于对概念和理论的解释,更要考虑如何通过对材料的分析来引出理论观点,以培养学生的归纳和推理能力;如何通过对材料的分析来揭示知识点之间和理论之间的内在联系,以培养学生多角度、多层次思考问题的能力;如何把理论内容和实际问题有机地结合起来,以培养学生分析问题、解决问题的能力;如何让学生模拟不同的角色,根据具体的情况去探索解决问题的方法;等等,充分体现"小课堂、大社会"的特点。

(五)知行统一的原则

知行统一的原则是思想政治课教学的一个重要原则。同时,它应该也是思想政治课创新教育的一条重要的原则。在思想政治课教学中,存在着"知"与"不知","信"与"不信","知"与"行"的矛盾。"明理"才能"践行"。思想政治课的教学,要引导学生树立科学的世界观、人生观、价值观、政治观,培养良好的道德行为习惯,即学生思想、信仰、品德的塑造,因而从掌握知识到应用知识、从知到行的转化,达到知和行统一的过程,既是思想政治

---

① 朱智贤.心理学大辞典[M].北京:北京师范大学出版社,1989:537.

课中学生思想品德形成的过程,也是学生运用所学知识进行"实践"的创造过程。这个实现过程,就是一种创新教育。

五、实施创新教育策略

思想政治课创新教育策略是指在创新教育过程中,依据思想政治课创新教育的一般规律和学生的年龄特征,对创新教育的程序和方法进行指向性调节和控制操作,以逐步实现思想政治课创新教育目标的活动方式。

思想政治课的马克思主义基本原理是由实践——认知——实践而来的,对在这个过程中进行符合学生认知结构的教学起着极其重要的作用。认知结构是指在感知理解客观现实的基础上,在头脑中形成的一种心理结构,是个人的全部知识的内容和组织。① 奥苏贝尔认为,认知结构就是书本知识在学生头脑中的再现形式,是有意义学习的结果和条件。他着重强调了概括性强、清晰、牢固、具有可辨别性和可利用性的认知结构在学习过程中的作用,并把建立学习者对教材的清晰、牢固的认知结构作为教学的主要任务。因此,教学设计不仅要考虑从宏观上对内容、情境进行设计,还要考虑从微观上对策略进行设计。这些策略包括激活原有认知结构的策略,巩固新建认知结构的策略,促进认知结构条件化、结构化、整合化的策略等。认知结构理论特别强调认知结构的作用,但认知结构并不是时时处于活动状态的,也不是一经建立就能永久保持的。思想政治课创新教育的实践中,要探讨符合学生认知结构的教学策略。

(一)逻辑性教学策略

思想政治课教材具有完整、系统的结构和丰富的内容,它们之间存在着内在的、必然的联系。上课时,由于时间的限制,教师只能分节授课。课后,"教师可让学生归类、整理出每课的知识图表,这也是培养学生创造性思维能力的一种方式。"② 因此,在复习过程中,指导学生整理知识结构图表,是学生对书本知识进行加工创造的过程,也是学生创造能力展示的机会。

---

① 游梅.走出教学误区　培养创新人才[J].思想政治课教学,2000(02):13.
② 刘润泽.培养学生创造思维能力初探[J].思想政治课教学,2000(03):7.

【教例】

初三思想政治课第六课"资本主义社会的矛盾运动和发展趋势"第三框"当代资本主义社会的矛盾和危机",学生构建出这样一份知识图表,课堂中针对学生构建的这份知识图表,我又提出问题:当代资本主义社会主要存在哪些矛盾和危机?产生这些矛盾和危机的根本原因是什么?怎样才能彻底根除这些矛盾和危机?这样学生既了解了当代资本主义社会的矛盾和危机及其存在的原因,而且也了解了解决这些矛盾和危机的办法,深刻地理解了资本主义社会必然被社会主义社会所代替这一历史趋势是不可改变的。

在思想政治课教学过程中,教师有目的、有计划地创造形真、情切、意远、理蕴、思趣、美感的教学情境,并就此引导展开分析探讨,可以培养学生的创新能力。

【教例】

在教学"民族的基本特征"时,教师可创设如下情境:在现实生活中,居住在同一地域,有共同经济生活的并不一定是同一民族。相反,同一民族有的却居住在不同的地域,过着不同的经济生活。这一现象是否与民族必须具备四个基本特征相矛盾?试分析说明理由。

这一情境提出了理论与现实似乎矛盾的问题。教师可引导学生从下述方面来分析:

它们并不矛盾,其理由是:①民族是历史上形成的稳定的人们共同体。在民族形成过程中,任何一个民族的形成都必须具备共同语言、共同地域、共同经济生活、共同心理素质四个基本特征。在民族形成过程中,缺少任何一个特征都不可能形成一个民族。②民族的四个基本特征是互相联系、互相依存的,它们是识别民族的基本依据。识别和划分民族,必须以四个基本特征为基本依据。但每一个特征并不是均衡显现的。共同的心理素质具有极大的稳定性,是区别民族的最显著的特征。民族形成以后,即使其他特征消失了,但只要具备共同的心理素质,就仍可维系这一个民族的存在。③在现实生活中,并非所有的民族都同时具备四个基本特征。有的民族可能缺少某个特征,但是,大多数民族的四个基本特征是齐备的。

这样依据具体情境,引导学生运用动态的观点,进行历史与现实、理论与实际的分析,无疑可培养和提高学生的创新能力。

当代青少年学生思想活跃,思维敏捷,但思考问题往往偏激、走极端,容易犯片面性的错误。因此,教师应注重引导学生运用辩证的观点来观察和分析社会现象,从而培养和提高学生的辩证分析能力。

【教例】

教学"透过现象看本质"时,教师可引导学生对数字"8"(谐音"发")进行深思,并从多方面、多角度讨论论证。①

现象简述:近年来,数字"8"的身价倍增,电话号码、门牌号码、牌照号码等一沾上"8"字,就备受青睐。

现象分析:一方面,说明中国人不再认为"越穷越革命",相反,在物质日渐富足之时,敢于堂堂正正地表达"想发财"的心声;另一方面,对"8"的狂热迷恋,又表明追求者精神的空虚。因此,"发财以后怎么办"的精神文明建设问题已经摆在了我们的面前。

本质分析:数字"8"之所以如此备受欢迎,与当今我国经济体制改革的不完善等因素有关。商界的瞬息万变,财运的难以把握……使有些人将希望寄托在"8"上。

"8"的受宠也说明中国人传统的心理定式并未改变。信天信地,信"8"信"发",就是不敢相信自己。实际上,人人都具有主观能动性,人的命运应是掌握在自己的手里。"8"的受宠,也说明我们在加强社会主义物质文明建设的同时,应加强社会主义精神文明建设,加强唯物主义观点的宣传和教育,加强科普知识的宣传和教育。如果有些人再这么沉浸于"8"的美梦之中,敢问"发"在何方?

思想政治课教学要培养学生的创新能力,决不能只靠教师的讲解,还必须加强学生对试题的训练,而这种训练绝不能搞"题海大战"。教师应精选习题加强训练,从而达到学生知识的巩固和升华,提高学生的解题技巧和解题能力。

---

① 胡兴松.思想政治课教学艺术论[M].广州:广东教育出版社,2000:351.

【教例】①

1."改革是一场深刻的社会变革,我们要始终正确把握改革、发展和稳定的关系。发展是硬道理,解决中国的所有问题的关键要靠自己的发展。稳定是改革和发展的基本前提,没有稳定,什么事情也办不成。"这一论断表明(　　)。

A.经济决定政治,政治对经济具有反作用

B.政治是经济的集中表现,政治根源于经济

C.经济决定于政治,经济与政治是辩证统一的

D.政治稳定压倒一切,政治决定着经济体制的改革与发展

2.上述论断中所包含的哲理有(　　)。

A.事物是普遍联系的

B.在事物的发展过程中,主要矛盾处于支配地位,起着主要作用

C.内因是事物变化的根据,外因是事物变化的条件

D.事物部分的变化会直接影响到其整体的变化

在这一"一材两用"训练题中,涉及经济常识和哲学常识的基本原理,既有利于学生把握知识之间的内在联系,又有利于培养学生的创新能力。

(二)实践性教学策略

思想政治课创新教育的教学要注重理论联系实际的原则,在理论与实际的结合上下功夫,要掌握"结合"的方法,讲究"结合"的艺术,提高"结合"的效益,概括起来,要从以下几方面努力。

(1)敢于和善于回答学生中普遍存在的思想认识问题,要把学生的思想实际作为思想政治课的出发点和落脚点,也就是我们的教学必须从学生的思想实际出发,必须落实在解决的思想认识问题上即转变学生的思想上。这就要求我们在教学过程中一定要认真了解并研究学生的实际,并以此为根据进行创新教育。学生的实际是多方面的,在思想政治课教学中最主要的是要把握学生创新教育的需要点,坚持从学生的创新教育需要出发,紧密与教材相结合,力求从理论与实际相结合上去回答学生的问题,以满足他们的需要。

---

① 胡兴松.思想政治课教学艺术论[M].广州:广东教育出版社,2000:281.

【教例】

　　面对国企改革,学生的家长、亲戚朋友及居住区中有各种途径与下岗工人联系着,这样,正确认识国企改革、分流减员也成为学生思想感情上需要解决的问题,教师结合经济常识教学,让学生认识国企改革的重要性,下岗分流的必然性,经济增长方式转变的现实性。学生对"阵痛"所带来的问题也就能从理论与实际的高度来理解了。这样,不仅解决了学生的思想问题,而且使教学真正做到了有的放矢。

　　(2)联系实际的内容应与时代的脉搏相适应,不仅要联系过去,更要联系现在,即联系当今世界经济、政治及科学技术的新发展和建设有中国特色的社会主义经济、政治、文化的新经验,特别要联系我国当前坚持以经济建设为中心,坚持四项基本原则和十一届三中全会以来改革开放的新形势。

【教例】

　　高三政治的教学中我们不仅要联系当今世界两大主题是和平与发展,更具体联系以美国为首的北约空袭南联盟所带来的灾难,"人权高于主权"新思维的谬误,联系我国加入WTO道路的艰难与曲折,理解其必要与可能。国内的一些热点、政治生活的重点更成为我们联系的目标,如1998年我们取得的抗洪救灾的伟大胜利,十五届三中全会讨论农业问题,即将召开的四中全会所要关注的国企改革问题,九届人大二次会议与宪法的修改。我们让同学们从这些生气勃勃的社会实际中吸取营养,真正理解和掌握马克思列宁主义,培养学生正确认识社会、自觉地适应社会,成为有着强烈时代责任感的合格的跨世纪的建设者和接班人。

　　(3)通过理论与实际的有机结合,努力实现由知向行的转化,这是中学思想政治课教学的归宿和根本目的。毛泽东同志说过:"不应当把马克思主义的理论当成死的教条,对于马克思主义的理论,要能够精通它、应用它,精通的目的全在于应用。"[①]为此,我们必须加强教学的实践环节,在教学中要尽量给学生创造一些动脑、动口、动手的机会,并使课堂教学与课外

---

① 毛泽东.整顿党的作风[M]//毛泽东著作选读(下).北京:人民出版社,1986(08):491.

实践活动有机结合起来,使学生在实践中加深和巩固所学到的理论知识,进而使道德观念内化为学生的道德品质,从而提高其政治思想觉悟和品德修养。例如:开展课前的新闻评述,高一年级的人生小报,人物采访,高二年级的经济剪报展,下工厂、农村的调查,高三年级展开社会热点问题讨论会……这些活动犹如催化剂,不仅加速了学生努力实现由知向行的转化,而且坚持了学习书本知识与投身社会实践的统一。

【教例】

在讲初二年级法律常识中的"正当防卫"时,为了让学生理解正当防卫的四个条件,教师改变原来的上课方式,而以"模拟法庭"的形式,让学生从正反方的角度,充分利用课前各自收集的材料,在"法庭"上辩论。经过一番唇枪舌剑之后,教师才进行归纳,学生这时很快弄清楚了正当防卫的四个条件,更重要的是学生通过把这四个条件与生活中的事件联系起来,知道了在生活实践中自己该怎么做。

(三)研究性教学策略

在哈佛大学师生中流传着一句名言:"The one real object of education is to have a man in the condition of continually asking questions."(教育的真正目的就是让人不断提出问题,思索问题。)[①]思想政治课研究性学习策略,是指学生在教师的指导下,以马克思主义基本原理、立场、观点和方法进行类似科学研究去获取知识和应用知识的学习方式。其要求学生运用所学的政治、经济、哲学的观点和原理分析和解决实际问题,提高运用政治知识发现问题、提出问题、判断问题、解决问题的能力;把所学的技术或策略用于新的具体情景中去分析或解决政治、经济和社会生活中的实际问题,培养学生的创新精神和实践能力,增强学生对过程的体验,养成科学精神和科学态度,掌握基本的科学方法。

在这个活动中,教师可根据学生的学习兴趣,引导他们运用政治常识、经济常识和哲学常识中的有关原理观察和分析国际、国内的热点问题,关注社会生活的方方面面,采取师生合作、生生合作的形式,共同探讨,大胆质疑。

① 郭涵.研究性学习挑战今日教师[N].中国教育报,2001-08-04(003).

学生在确立了研究课题以后,到图书馆、展览馆、新华书店等地方,从相关书籍、报纸、文献及因特网中收集资料;也可以向专家、学者咨询、请教以获得知识,寻找解决途径;也可以采取不同的调查方法通过假设、想象、实证、逻辑等方式方法来认识世界、追求真理。学习者将在获得第一手资料以后,对信息进行整理、分析和综合,并从中提炼出有价值的东西。

思想政治课研究性教学策略的实质是学生对科学研究的思维方式和研究方法的学习运用,通过这样一种基本形式和手段,培养学生的创新意识和实践能力。

【教例1】

未成年违法犯罪的现状调查及思考

未成年违法犯罪已成为社会关注的热点之一。学生通过调查研究,获取大量的感性认识和理性认识,总结归纳未成年人违法犯罪的案由、特点、原因,提出预防未成年犯罪的相关措施。

思路提示:

学习法律文献、查询未成年违法犯罪资料、走访人民法院,观摩少年法庭,参观少年管教所,开展模拟法庭,最后总结成文。

【教例2】

中国加入WTO对本地区工业的影响

中国加入WTO,举世瞩目。结合高一经济学的有关知识来学习和研究WTO是怎样的组织,加入WTO对中国尤其是对本地区的工业将会带来哪些影响?本地区的重点行业将以怎样的实际行动来抓住机遇,迎接挑战呢?

思路提示:

查询中国加入WTO的有关资料,调查访问市经济贸易委员会,参观访问本地的龙头企业和有代表性的企业,总结成文。

第五节　中小学一体化衔接教育

"生·长"教学主张视域下的思想政治课,不仅仅在课堂教学上关注学生的生命成长,而且应该有更大的视野,在学校教育教学工作中如何更好地主动发挥自己的育人价值是思想政治教育教学拓宽自己的教育渠道和育人价值的重要路径。在学生的学习生涯中,学生将会经历小学、初中、高中和大学等学段的转化,如何帮助学生顺利完成每个学段的转换衔接是关系学生顺利成长的重要环节,这是中小学一体化教学的重要内容,因此,发挥思想政治教育教学的学科优势,挖掘思想政治课相关的教学内容,发挥学科在学生中小衔接工作中的作用也是一个值得探讨的重要课题。笔者曾就初中如何在中小衔接工作中发挥作用进行了初步探讨。

学生从小学升入初中,是学生学习阶段的一个重要转型期。学生的生理和心理在这个阶段开始发生变化,刚踏进中学大门的学生,面对新的学习环境、新的管理方式和新的学习内容,需要学校处理好在这个过程中出现的环境适应、学习适应、人际适应和挫折适应等问题。中小学衔接工作中的教学价值在于作为教育内容的初中思想政治课所讲述的知识和道理,能满足学生这个主体在中小学衔接过程中的成长及解决遇到的问题的需要。

初中思想政治课七年级(上册)是以心理健康教育为主要任务,目的在于帮助学生形成良好的心理素质,提高道德品质,增强社会责任感和社会实践能力,引导学生遵守基本的行为准则,逐步形成正确的世界观、人生观和价值观,成为有理想、有道德、有文化、有纪律的好公民。其教学目标和教学内容,使初中思想政治课在中小学衔接工作中教学价值的实现成为可能。

一、立足课堂教学

中小学衔接工作是学校德育工作的一项重要内容,德育工作的主渠道是初中思想政治课教学,初中思想政治课教学的主阵地在课堂,初中思想政治课要实现其在中小学衔接工作中的教学价值，首先应该在课堂教学中针对中小学衔接工作的需要落实相关知识的教学。

初中思想政治七年级（上册）围绕"成长中的我"这个中心，安排了三个相互联系的学习内容，即"自我调适"、"人际适应"和"学习适应"，讲述七年级学生自我调适、善待他人和适应中学学习生活等基本知识，引导学生正确地认识自我、悦纳自我，努力完善自我，积极适应初中的学习生活，树立正确的学习观念，养成良好的学习习惯，探索适合自己的学习方法，做学习的主人。

（1）学生来到一个新的环境，产生新鲜、好奇、紧张、焦虑，甚至恐惧的情绪体验，表现出羞怯、畏缩、拘谨、谨小慎微等行为，身心处于高度的兴奋和警觉状态。教师可以利用初中思想政治七年级（上册）第一单元：走进中学的第一课"我上中学了"中的"中学生活新变化"帮助学生认识中学生活，通过"探究园"的"校情知多少"，以竞赛的方式或小组交流的方式让学生收集校长室、办公室、教务处、德育处、总务处、团委等位置及负责人的名字；班主任和任课教师的办公室、图书馆和实验室的所在地；食堂、医务室、厕所的位置；等等，帮助学生进一步熟悉学校环境，缓解身心的紧张状态。

（2）学生来自多所不同的小学，大多彼此陌生，学生在新班级中会因为个人身份、地位发生变化，感觉"真实自我"与"理想自我"之间的差异增大，表现出更高的焦虑、自我意象不稳定、学业能力自信降低、自我评价降低等问题。教师可以利用初中思想政治七年级（上册）第一单元：走进中学的第一课"我上中学了"中的对"陈杰与李辉的不同境遇"的出谋划策，引导学生明白尽快适应中学新生活的重要性；利用初中思想政治七年级（上册）第一单元：走进中学的第一课"我上中学了"中的"认识新伙伴""融入新集体"的内容，通过制作同学的"个人名片""建设集体从我做起"的创意方案的制定，引导学生养成热情、开朗的性格，与同学积极交往，认识到集体团结的重要性，增强建设新集体的责任心，促进班集体的形成。

（3）学习的科目多，知识密度大，难度提高，作业量相应增加，对学生的独立性、自主性和自觉性的要求明显提高，一部分学生可能会感到学习压力增大，产生厌学情绪。管理从小学教师的"扶着走""牵着走"，到初中教师"跟着走""引着走"的变化，让学生对教师的教育方法感到疑惑。教师可以利用初中思想政治七年级（上册）第四单元：学会学习中的"他们为什么要参加学习"的调查分析，"我的学习原动力"的自我检测，对学生学习上存在的问题进行剖析；通过"我的学习习惯"自我检测等，引导学生认识学习兴趣对学习的重要性，认识学习方法的多样性，明白"学习有法，学无定法，贵在得法"的道理，引导学生养成良好的学习习惯，学会将外界的要求转化为自己的需要，从被动接受管理转变为形成积极主动的责任感。

针对初中思想政治课七年级（上册）第二单元"认识自我"和第三单元"学会交往"中的教学内容，教师可以根据中小学衔接工作中遇到的问题和内容，有意识地强化使用，在传授知识的同时又服务于衔接工作的需要，体现常识性与系统性相结合的特点；在教材的使用上，教材作为一种课程资源，教师可根据中小学衔接工作的需要，调整教学顺序，创造性地使用教材，体现出初中思想政治课基础性与适应性的特点，从而为解决中小学衔接中的环境适应、人际适应、学习适应和挫折适应，实现初中思想政治课的教学价值打下基础。

二、延伸教育空间

初中思想政治课的主渠道是课堂教学，但不应该仅仅局限在课堂上。随着形式的改变，初中思想政治课的教学内容也发生了很大的变化，但其由政治教育、品格教育和知识教育三者形成的教育功能并没有发生变化。正是这种教育功能使初中思想政治课的教学具有相对灵活的拓展空间，深化了初中思想政治课在中小学衔接工作中的教学价值。

在实施中小学衔接工作中，学校领导或职能部门在部署这项工作的时候，要改变对初中思想政治课的传统认识，了解新课程背景下初中思想政治课教学内容是与学生的实际需要紧密相关的，充分利用初中思想政治课的学科优势，是能在很大程度上促进学校的中小学衔接工作的。广大初中思想政治课教师也需要转变观念，积极主动，勇于探索，结合初中思想政治课在学校中小学衔接工作中的其他教育教学形式，提升初中思想政治课在这项工作中的教学价值。

（一）重视向常规教育工作的延伸

做好中小学衔接工作，不仅需要学校开展相关的教育活动，落实在各学科的教学中，更需要落实于学生的常规教育之中。初中思想政治课要发挥在其中的作用，重视学生的常规教育，借助各种常规工作，如集体打扫环境卫生、种树和布置墙报等，培养合作精神和爱劳动的品质，提高集体的凝聚力，保障学生的健康成长。

【教例】

认识新同学,建设班集体工作,教师可在教学"融入新集体"一课中的"建设集体从我做起"时,要求学生从日常学习生活中的点滴做起。

(二)重视向班级相关主题教育延伸

很多人认为班级的主题班会是班主任的事,是班主任班级工作的重要组成部分。但对中小学衔接工作而言,初中思想政治课要发挥在其中的作用,也需要配合班主任开好主题班会,增强主题班会课的教育性和针对性。

【教例】

《思想品德》七年级(上册)第一单元:走进中学的第一课"我上中学了"中的"中学生活新变化"的教学,《思想品德》教师可以改变往常在课堂教学中实施的做法,将其置于主题班会中以竞赛的形式来进行;也可以在班会课中开展以"自我完善设计"为主题的演讲比赛,既可以教育学生,解决中小学衔接工作中学生出现的问题,也可以落实"悦纳自我"一课中的教学要求和任务。

(三)重视向家校合作教育延伸

家长不仅是学生的监护人、支持者和后勤保障,而且是重要的教育力量,要做好中小学衔接工作,需要得到家长的理解和支持。初中思想政治课教师必须重视与家长的合作,使教育工作达到最佳,可以配合班主任有选择性地对学生进行家访,或者通过家长会向家长介绍初中学习的特点和应注意的问题,让他们做好相应的心理准备,并在必要时对学校的教育给予协助。

【教例】

为纠正学生不好的学习习惯,教师可以在"养成良好学习习惯"一课中与家长配合,让学生完成"不良学习习惯纠正卡"的各项内容,与家长共同帮助学生纠正其不好的习惯。

三、优化研究性学习

初中思想政治课教学"不能局限于学校的时间及教室,而要走向社会、走向实践"①。《课程标准》要求初中思想政治课教学"必须结合实际情况选择适当的活动方式和内容"②。初中思想政治课针对中小学衔接工作常见的问题和亟须解决的问题,结合课堂教学的需要,开展延伸至课外的研究性学习,利用研究性学习的平台让学生通过自主探究和自主体验,达到发现问题、思考解决问题的办法,提高自己的认识,指导自己的行为的目的,实现对相关问题认识的升华和内化。

教师在初中思想政治课堂教学中,应通过设置情景等手段让学生参与探究中小学衔接工作遇到的问题,而一些比较突出的问题,往往不是在课堂上所能够解决得了的,需要教师把课堂教学中的探究学习往研究性学习延伸。教师根据学生的个性、兴趣、爱好和知识结构,组成相关问题的研究性学习小组,让学生开展研究性学习。学生在研究性学习过程中可以获得更多独立思考、自主选择的机会,提高发现问题、分析问题和解决问题的能力,直接促进中小学衔接工作中遇到的问题的解决,优化初中思想政治课在中小学衔接工作中的教学价值。

【教例 1】

在中小学衔接工作中,学生不可避免地要遇到人际交往的问题,而人际交往中的比较敏感且棘手的问题是男女生早恋。这个问题的解决往往让很多教师伤透了脑筋。针对早恋问题,教师可以结合"认识自我"这个单元中的"男生女生"的教学,设计题为"我校初一部分学生早恋问题的调查和建议"的研究学习课题。在教师的指导下,学生组成若干研究性学习小组,针对早恋问题设计调查问卷,对学校的初一年级的部分同学进行问卷调查。在调查的基础上统计和分析问卷,结合平时对教师、家长的访问和对同学的观察,学生进行分析和思考,他们就能够认识到中学生早恋是一

---

① 广东省教学教材研究室.《思想品德》七年级(上册)教师教学用书[M].广州:广东教育出版社,2007.
② 中华人民共和国教育部.全日制义务教育思想品德课程标准[M].北京:北京师范大学出版社,2005.

种正常的生理心理现象,在人生重要的学习阶段要排除干扰,认真学习,进而寻找到解决中学生早恋问题和获得帮助的方法和途径。在研究性学习过程中,学生们如果对解决早恋问题有了进一步的认识,就能够学会如何正确对待和处理早恋问题,也就能够向学校、教师和家长提出正确处理同学中存在的早恋问题的建议:抓好青春期教育,开展形式多样的集体活动,培养学生形成良好的兴趣和爱好;建立民主的师生关系,尊重学生的人格;加强学校、家庭和社会三者的配合等。当学生在研究性学习的过程中解决了教师在课堂和其他途径中不好解决的认识问题,他们对如何预防早恋问题就会有进一步的思考。

【教例2】

随着社会的发展,学生中有一个特殊的群体——流动学生,其中有不少是民工子女,他们当中的有些人在人际关系适应上存在一定的困难,他们需要周围人的帮助。针对这种情况,教师可以组织学生成立"初一年级流动学生人际适应状况的调查"研究性学习小组。学生通过问卷调查、个别访谈和召开课题组成员、指导教师参加的调查分析会,发现流动学生的交往需求欲望十分强烈,他们会为结交到好朋友而十分开心,反之也会为失去朋友的信任而忧伤;他们热爱自己的集体,能在集体中感受到安全感,也愿意为班级建设出力;他们也喜欢在群体中发表自己的见解,希望获得同伴的认同和赞赏。同时,这些同学身上也存在着自信心不足;与人交往的主动性不高,不重视人际交往中的公众形象;对交往的技巧和方法不够重视,自我评价能力不足等问题。学生们就能够针对这些问题向教师提出一些建议:教师在教学和班会课中要进行相关的心理教育,传授人际交往的技巧和方法,让这部分同学理解与人交往的重要性,掌握与人交往的"金钥匙",提高与人交往的技能;其他同学要热情对待这部分流动同学,用自己的情感和行动去感化他们、带动他们,在与这部分流动同学交往时,要遵循"平等、尊重"的原则,尊重他们的隐私,学会欣赏他们的优点,懂得倾听与赞扬对方;教师在组织教学和集体活动中,多给这部分流动同学一些表现才华的机会,并及时抓住他们的闪光点进行肯定、表扬,树立他们的自信心;流动同学自己也应该懂得自立自强,不断地完善自我,在集体中张扬个性等。

学生在研究性学习的过程中学会了使用在初中思想政治课中学到的

知识对中小学衔接工作中的问题进行思考和分析,更重要的是他们没有停留在课本知识的学习上,而是进行了更深入的思考,针对问题对学校、教师、同学和自己提出了要求,涵养了自己的人文关怀,优化了思想政治课在中小学一体化衔接工作中的教学价值。思想政治课实现在中小学衔接工作中的价值探讨,能有效地促进学校的中小学一体化衔接工作,但这种探讨还需要我们从多角度、多层面去思考和实践。

第六章

"生·长"之技

所谓"生·长"之技是指利用现代教育信息技术提升思想政治教育教学实效,提升育人水平的研究与实践。随着现代科学技术的发展,新技术、新媒体大量涌现,如何充分利用这些新技术,为学科教学和学科育人服务,这是摆在每个教育人面前的一个新课题。"大力推进思政课教学方法改革,提升思政课教师信息化能力素养,推动人工智能等现代信息技术在思政课教学中应用,建设一批国家级虚拟仿真思政课体验教学中心。"[①]利用现代教育信息技术能较好地提升学生的学习兴趣,紧密联系时事政治,联系学生的生活,引导学生进行探究,焕发学生的生命活力,利用现代信息技术能加深学生对所学知识的整体理解和理论联系实际的水平;利用现代教育信息技术的辅助作用也促使教师进一步思考和探索如何改变思政课的教学方式,促进了教师的专业成长。

笔者对现代教育信息技术在思想政治教育教学中的应用的实践开展得比较早,在20世纪90年代,开始尝试利用影视资源营造教学情境,引导学生从感性到理性的学习,取得了较好的效果;后来,又以课题研究的方式探索了微课在初中思想政治课教学中的使用,也取得了较好的效果;为了培养学生的整体学习、系统认知,又开展了"思维导图"在初中思想政治教学中的使用。我的这些研究都先后进行了全市性的教研公开课、研讨课,受到了听课教师的好评。这一章的内容是我借助现代教育技术进行相关的实践研究的思考。

---

① 引自2019年8月14日中共中央、国务院印发《关于深化新时代学校思想政治理论课改革创新的若干意见》。

第一节　影视助力

大多数情况下,思想政治课的老师的教学方式往往局限于"口耳相传"的方式,这样的上课方式常使课堂出现"言者谆谆"而"听者藐藐"的局面。其根源在于这样的教学方式往往缺乏研究,没有研究学生的身心发展特点,缺乏借助现代教育信息手段和资源,营造学生学习的情景,这样的教学方式一方面不能适应现代社会生活和信息科学的发展方向,另一方面没有落实初中思想政治课的理论联系实际的教学原则。可以说,其既没有体现学生立场,也与生活实际联系不紧;既不生动,也没有体现促进学生生命成长的价值,影响了初中思想政治课教学的实效。

"思想品德课程以社会主义核心价值体系为导向,旨在促进初中学生正确思想观念和良好道德品质的形成与发展,为使学生成为有理想、有道德、有文化、有纪律的社会主义合格公民奠定基础"[1],课程设计是"以初中学生逐步扩展的生活为基础",要求思想政治教师在教学中要"从学生的生活实际出发,直面他们成长中遇到的问题,满足他们发展的需要"[2],把广阔的社会历史舞台作为背景,呈现出"小课堂、大社会"的特点,积极创设与学生生活密切联系的鲜活的教学情境。但在现实的课堂教学中,由于时空的限制,呈现方式的局限性,"口耳相传"的教学方式无法满足这样的需求。

如何突破有限的时空限制,最大限度地使教学贴近学生生活,更好地贯彻理论联系实际的原则呢?有科学家统计,今天一份《纽约时报》所包含的信息较17世纪一个普通英国人一生的经验还多,全世界过去30年所输出的信息竟等于之前5000年的总和。在这样的信息时代里,同在社会生活中的师生,几乎处于同步接受信息的状态,甚至老师也未必比学生更了解现实社会的生活。1990年中宣部的一项调查表明,与学生接触社会文化

---

[1] 中华人民共和国教育部.普通高中思想政治课程标准(2017版2020年修订)[M].北京:人民教育出版社,2020:5.

[2] 中华人民共和国教育部.普通高中思想政治课程标准(2017版2020年修订)[M].北京:人民教育出版社,2020:3.

的情况相比较,只有19.5%的教师认为自己比学生了解得更多,而多数教师认为自己不如学生,原因很简单,教学设备的更新和应用,远远跟不上家庭电器化的速度。教育信息技术的飞速发展为突破课堂教学的时空限制提供了可能。早在1996年,当时的国家教委在《关于进一步加强和改进中学思想政治课教学工作的意见》中就明确指出:"注意联系国内外形势和学生的思想实际情况,选择切实有效的方式和方法进行教学。""教师在教学中还要充分利用录音、录像、电视、投影、挂图及计算机等设备辅助教学,增强教学的效果。"

早在20世纪90年代就因为所在的学校的高中部是电子职业中专学校,具有比较先进的教育信息技术设备,在初中思想政治课堂教学中引入影视教学资源的教学实践,取得了较好的实效。这些应用在教育信息技术高速发展的今天已经显得很没有技术含量了,但在当时应该属于弥足珍贵的探索,当年我的几次相关的全市性教学公开课引起了专家和厦门当地政治教师的兴趣和关注。我运用影视教学资源提高政治课教学实效的做法与体会主要有以下几点。

一、育情论理

初中思想政治课的道德、心理健康、法治和基本国情等教学内容理论性比较强,相对比较枯燥,在教学中常出现因理论性强而带来的学生学习障碍,如何从感性到理性,从身边的生活现象到抽象的知识建构,需要教师充分利用影视教学资源等多媒体手段来营造教育教学的情景。心理学的研究表明:学生的兴趣,往往与一定的情景有关,而生动感人的情景又能增强学生的内心体验,引起学生的愉快情绪和探索欲望。影视教学资源等教育信息技术手段具有融"形、光、声、色、动"为一体的特点,因此其传递的信息强烈,其特有的绚丽多彩的画面、富有情感的音响和讲解,能给学生提供全面的、生动的、形象的感性材料,营造了一种新鲜活跃的课堂教学气氛,能引起学生的兴奋情绪,使学生的视、听觉器官同时参与工作。更重要的是,影视教学手段的应用,把抽象的理论具体化,贯彻"从生动的直观到抽象的思维"的基本规律,大大减少了学生理解理论的难度,缩短了学生对客观世界的认识距离,让学生有一个由感性认识上升到理性认识的过程,变"填灌式"教学为"启发式"教学,使学生在教师所营造的生动的教育教学情景中完成枯燥的学习任务,提升课堂教学的实效。

【教例】

　　以我讲授"对亚非拉的掠夺促进了西方资本主义的发展"为例,我在利用影视教学资源讲清西方资本主义对亚非拉人民的侵略、征服、掠夺、残杀和奴役奠定了西方资本主义原始积累和筑起了西方资本主义经济繁荣的基础这个问题的同时,结合西方殖民者对我国掠夺的历史资料及乡土教材,对学生进行爱国主义教育,激发学生的爱国激情。

　　课前,我组织学生观看根据厦门本地历史拍摄的电影《海囚》,让学生在看完电影的基础上写观后感并对课文进行预习。

　　课堂上,我播放了课前准备好的录像材料——"走向英特纳雄耐尔"中与课文内容紧密相关的内容:"新兴资产阶级对亚非拉人民进行疯狂掠夺和贩卖黑奴"的录像,并把它分成"印第安人的血和泪"及"惨无人道的奴隶贸易"两部分。每部分在课堂上播出之前都先用投影分别打出两个问题,让学生边看录像边思考。当录像上印第安人悲惨的呼号、带血的黄金在屏幕上出现时,有的学生眼眶都红了。此情此景再加上悲愤低沉的解说,教师不用费太多的口舌,学生对马克思的论断——资本的原始积累"是用血和火的文字载入人类编年史"有了深刻的认识;接着,我引导学生联想课前的《海囚》,教育学生中华民族也曾经有过一段被剥夺的历史,然后联系学生"崇洋媚外"的思想进行国情教育,激发学生的爱国热情,再教育学生好好学习,使自己成为一名合格人才以更好地参加祖国的经济建设就显得顺理成章了。"知、信、行"在不知不觉中得到了逐渐转化。

二、释难解惑

　　思想政治课的主要任务是要培养"时代新人",课程目标是:"初中阶段重在打牢思想基础,引导学生把党、祖国、人民装在心中,强化做社会主义建设者和接班人的思想意识。"[①]因此,在道德、法治、心理健康和基本国情等教学内容中渗透着向学生传授马克思列宁主义的基本原理、基本理论以及立场、观点和方法的内容。教学内容理论性比较强,相对比较抽象,对有的理论知识的理解与初中学生的思维特点之间是有一定差距的,是有相当

---

① 引自 2019 年 8 月 14 日中共中央办公厅、国务院办公厅印发《关于深化新时代学校思想政治理论课改革创新的若干意见》。

难度的。一堂成功的初中思想政治课最重要的前提是要让学生对所学的知识突出重点、突破难点。突出重点才能把当堂课的内容统率起来，把前后知识连贯起来，才能在培养学生的能力和提高其政治觉悟上产生重大作用。而对一些教学难点突破成功与否又影响着学生对教学重点的理解是否准确深入，甚至影响到整个课程的正常进行，否则，将导致学生的注意力分散，教学质量得不到保证。在实际教学中运用影视教学手段对突破难点、突出重点常有意想不到之功效。

影视因其自身的特点，它能把遥远的古代，陌生的国内外的人物、事件、历史场面及人体生理器官无法感知的微观现象等一些难以用语言简单明了地向学生讲述清楚的问题，通过画面、音响、人物对话及解说等展示于学生面前，使学生"见其人，闻其声，临其境"，拉近学生与各种现象、场面、人物、事件的时空距离，让一个个鲜活的人物、翔实的场面，引导学生深入准确地思考，以达到顺利突破难点，完成教学任务的目的。

【教例】

上初二"思想政治"课时，要让学生正确认识发达资本主义国家中实行的各项社会福利制度和让工人参加企业管理的实质是个难点。初二年级的学生理性思维能力差，容易从现象上看问题，思想扣子较多。在向学生讲述这个问题时，教师要做到既尊重事实又揭露这些问题的本质，单靠教师语言的讲述往往显得乏力。

于是，我从《一位美国教授谈人权》的录像带中找出一段美国学者潘维廉教授谈他自己对美国社会现行的政策、福利措施的看法的录像，插在课堂上播出，用外国人的现身说法来教育学生，当站在厦门鼓浪屿日光岩旁的潘维廉教授对着镜头娓娓道出"资产阶级统治手段的变化，其目的是调和阶级矛盾，调动劳动者的积极性，以榨取更多的利润，维护资产阶级统治"一番话时，从学生的表情、议论和回答老师的提问可以看出，他们受到了巨大的震动，他们思想上的一些只看现象不看本质的错误、片面的认识及时地得到了纠正。这为老师讲清楚资产阶级统治手段的变化并没有改变也不可能改变资本主义私有制，不可能从根本上改变无产阶级受雇佣和被剥削的阶级地位这个问题，扫除了思想障碍。

三、营造情境

在思想政治的教育教学中,要实现"打牢思想基础,引导学生把党、祖国、人民装在心中,强化做社会主义建设者和接班人的思想意识",必须解决学生对所学知识的知与不知、信与不信、行与不行的矛盾,这些矛盾和问题的解决主要是通过课堂教学完成的。因此,在课堂教学中把生活搬入课堂,也是思想政治课"小课堂大社会"的体现,这就需要加大课堂教学的信息容量,通过大量的生活信息开拓学生的视野,促进学生对一些理论问题的学习和认识,提高他们判断是非的能力。人们往往有这样的经验:离现实生活很远的事情往往都会显得深奥和难以理解,甚至难以接受,而最有说服力的往往也是现实生活,这也正是贯彻初中思想政治课教学的理论联系实际原则的体现。

影视教学手段的应用能有效地实现以上的教学目标。思想政治课的课程内容会随着社会发展而变化,教学内容处于变动状态,即使教学内容不变,但社会实际发生变化,课堂教学呈现给学生的素材也将随之发生变化。所以,客观上很难有与现行教材相配套的,适合当下使用的影视教学素材,需要教师根据时事发展变化,自主加工选择影视素材。因此,在进行教学设计和备课过程中,教师要紧紧围绕课程标准,紧扣教材,根据教学内容的特点、学生的实际情况,寻找、编辑加工相关的影视资料,并且对课堂教学结构精心设计、合理安排,创设学习情境,充分调动学生的学习积极性,充分发挥学生学习主人的地位,实现师生有效、良好的互动,在互动交流中及时发现问题,提高学生的认识,达到"知行统一"。

【教例 1】

讲初一"思想政治"课"建立友谊,发展友谊"这一节时,我们曾设计过这样一节别开生面的教学活动:在各班中选出一些学生,在老师的指导下,让他们自编自演了三组有代表性的录像,反映了对待同学、朋友偷窃、打架、抄袭作业三个问题的不同态度。各组录像都示范性地表演了两种截然相反的表现,用课本的观点加上解说词拍成约 10 分钟的录像,然后在各班课堂上放映,作为这一课的导入。

这样,让学生自己熟悉的同学演出发生在学生中间的生活学习的小事而拍摄的录像,在课堂上播出自然能强烈地吸引学生的注意力,使学生参与其中进行思考、讨论,达到最佳的教育教学效果。

【教例2】
在讲"讲究质量注重信誉"这一课时,我们从《中国质量万里行》的诚信篇中选出"莺歌电视机总厂""武汉电视机总厂""新飞电冰箱""生力啤酒"等厂家讲究产品质量信誉与不讲究产品质量信誉而带来的两种不同的命运的录像在课堂上播出,吸引了学生的注意,使他们认清了讲究质量信誉的重要性,用现实给他们上了生动的一课,让他们直面市场竞争的残酷。

影视教学手段的应用的主要目的是贯彻理论联系实际原则,变注入式教学为启发式教学,适应现代社会和信息科学的发展,激发学生学习思想政治课的兴趣,提高课堂教学实效。因此,运用影视教学手段,应避免"穿新鞋,走老路""无的放矢",使之流于形式,造成表面上热热闹闹,学生收获却很少,浪费人力与财力的现象。

以上的教例选择的都是当年我实践探索的案例,虽然时代久远,随着现代教育教学技术的发展,现在教育信息技术在课堂的应用已不仅仅局限于影视教育资源的应用了,但这个探索的实践和思考,是笔者"生·长"之技的一个最初的探索,对今天的课堂教学改革依然有一定的启发。

第二节　微课放彩

习近平总书记在学校思想政治课教师座谈会上强调了思想政治课堂教学改革创新的"八个统一"。思想政治课是落实立德树人根本任务的关键课程的关键环节。办好思政课,需要与时俱进,向改革创新要动力。思想政治课堂教学改革创新需要与时俱进,"生·长"教学主张所倡导的生命、生活、人生等理念也特别强调思想政治课教学要把握好理论与实践、统一性与多样性的统一的问题,要紧跟着时代发展的步伐,及时引进相应的工具或载体,让思想政治课教学更丰富多彩,提升育人的实效。

"微课是指按照新课程标准及教学实践要求,以教学视频为主要载体,反映教师在课堂教学过程中针对某个知识点或教学环节而开展教与学活动的各种教学资源有机组合"①。"微课既有别于传统单一资源类型的教学课例、教学课件、教学设计、教学反思等教学资源,又是在其基础上继承和发展起来的一种新型教学资源"②。这种新型的教学资源如何运用,有很多的研究和讨论,有专家认为"微课是为在线学习而生的,是一种在线学习资源,不要再走'课内整合'的老路"③。对于这种新的学习资源,能否在课堂上应用,并提升课堂教学的效率?笔者在课堂教学中进行了初步的尝试。

一、可行的微课

微课集声音、图像、文字于一身,信息量大,趣味性强,可以有效激发学生的学习兴趣、探究热情,是教师进行思想品德课教学的一种重要资源,具有以下三个方面的特点。

(1)调动学生的学习兴趣。微课具有"形、光、声、色、动"的特点,传递的信息源强烈,其中的媒体资源画面绚丽多彩,伴随着动听的音乐和富有情感的讲解,能给学生提供全面的、生动的、形象的感性材料,营造了一种新鲜活跃的课堂教学气氛,符合初中学生的心理特点,易于激发学生的学习兴趣,调动学生视、听觉的同时参与学习过程。

(2)创设学生学习的情境。微课制作时能把各种媒体资源进行整合,可以通过动画、视频、画面和解说等手段把遥远的古代、陌生的国内外的人物、事件、历史场景及人体生理器官无法感知的微观现象等一些难以用语言简单明了地向学生讲述清楚的问题,展示于学生面前,使学生"见其人,闻其声,临其境",拉近学生与各种现象、场面、人物、事件的时空距离,让一个个鲜活的人物、翔实的场面呈现于学生面前,创设了生动的学习情境。

(3)增加课堂教学的信息容量。微课一般时长在6分钟内,在6分钟内围绕一个知识点,整合各种教学媒体进行讲解,能直观、直接且高效地将老师在课堂上的直接讲述所要花费的时间缩短,因此,课堂教学的信息量就增加了,提高了课堂教学的容量,提升了课堂教学的有效性。

基于以上分析,微课在思想政治课堂上的应用是可行的,但应将其定

---

① 胡铁生."微课":区域教育信息资源发展的新趋势[J].电化教育研究,2011(10):62.
② 胡铁生."微课":区域教育信息资源发展的新趋势[J].电化教育研究,2011(10):62.
③ 王竹立.微课勿重走"课内整合"老路——对微课应用的再思考[J].远程教育杂志,2014(05):34.

位在教学辅助工具上,进入课堂的方式主要是把微课程作为一种课程资源嵌入到课堂教学活动过程中。

二、多样的微课

马克思主义教育理论认为:一个人的品德是由思想品德方面的知、情、意、行四个心理要素构成的,学生的思想道德素质教育是促进学生的知、情、意、行统一发展的过程。思想品德课教学是成于内、形于外的知、情、意、行的转化过程。因此,思想政治课堂教学的过程是要实现学生学习的"知、情、意、行"四个层面的落实和转化,因此,我们将微课在课堂上实际应用的功能和作用分为以下三类。

(一)知识学习类

它是指帮助学生学习、理解、掌握思想政治课的有关知识、原理的微课,主要是一些知识讲解、复习方法、解题方法等内容的微课。如主要用于帮助学生学习法律知识的微课,《法律的特征》《刑事责任年龄的认定》《什么是法律?》《全国人大职权》《如何区分财产所有权的4项权利》以及给学生复习、整理知识的工具《思维导图》,帮助学生更好地学习、巩固、运用的解题方法类的《材料分析题解读》《试题讲评》等。

(二)养情坚意类

它是指主要用于培养学生的学习兴趣,增强学生的学习动力,让学生在情感上进一步亲近,对道德知识、原理进一步认同,坚定学习意志,增强学习的主观能动性的微课,主要有情景设置、学习辅导等,例如:目的在于通过学习,了解社会上存在的各种各样的危险和不安全因素,充分认识自我保护的重要意义的《增强自我保护意识》,通过学生的现身说法的《意志力》,帮助学生理解什么是诱惑,为什么需要和谐的《拒绝诱惑》《促进和谐,人人有责》等。

(三)践行指导类

它是指帮助学生学会怎么做,将所学习的道德知识、原理用于实践,落实在自己行动上的微课,主要是一些行动指南、行为规定等,例如:教学生如何学会尊重不同国家、民族的交往方式及如何与不同国家地区的人交往的《如何与不同国家地区的人交往》;讲解与学生息息相关的"七天无理由退货"和"加大消费欺诈赔偿"的《新消费者权益保护法——两个亮点》等。

三、出彩的微课

思想政治课教材的设计是以生活为线索展开的,课堂教学需要指导学生开展实践性的教学,进行自主探究学习,客观上不需要把每节课拍成微课进行教学,但微课又可以在课堂教学中通过创设情景、展示素材、提出问题、归纳总结、引导践行等不同环节发挥作用,处于教学的辅助手段的地位,提高学生的学习兴趣,辅助学生学习,让学习更生动,教学效率更高。

(一)提供学习"支架",促进知识掌握

教师在课堂教学中利用一些介绍学习方法、学习工具和相关学科知识点的学习微课,为学生的学习提供"支架"。教师让学生观看相关的微课后,在此基础上引导学生开展学习活动,使学生掌握、建构和内化并在此基础上要求学生学习的相关知识。

【教例 1】

在复习课上播放自己制作的微课《思维导图》,让学生在短时间内知道什么是思维导图,怎么制作思维导图,并在此基础上,指导学生通过画思维导图,提高课堂复习教学的效率。

【教例 2】

在上九年级《思想品德》粤教版第一单元第三课"人民代表大会制度"的"全国人民代表大会职权"这个知识点时,针对学生学习感悟人民代表大会制度的优越性这个知识点,我们制作了《五分钟学习全国人大职权》的微课,通过图片、文字等多种媒介图文并茂、形象直观地讲解突破"立法权、决定权、任免权、监督权"等全国人民代表大会的职权,让学生集中学习、掌握了人民代表大会的职权,突破了难点,为学生接下来的学习打下了基础。

(二)创设教学情境,促进明理感悟

"从生活中搜集教学素材,从教材中挖掘生活元素,在生活与教学之间

找到最佳的结合点。"①教师播放根据知识学习的需求,选取生活中的素材而制作成的微课,创设学习的问题情境,设置探究问题,让学生通过观看微课,参与微课中提出的问题的思考,并在此基础上开展探究活动,在探究的基础上,让学生自主建构理论知识,提升解决问题的能力,同时逐渐形成正确的价值取向。

【教例】

粤教版七年级下册第六单元"自强不息"第二课"磨砺意志"第二课时的教学,是对学生进行意志教育,是在"积极应对挫折"的基础上,进一步提出"主动锻炼意志品质,形成良好的学习习惯和生活态度"的要求,既承接了上一课内容又为"自立自强""拒绝诱惑"等做了铺垫。但学生在下决心培养坚强意志的过程中经常会自觉或不自觉地陷入各种意志迷宫,为了解决这个问题,老师制作了微课《意志迷宫》,以身边同学的例子为素材,生动地展示了锻炼培养意志过程中的阻碍、暴露问题,引发学生情感上的共鸣,进而引导学生探究解决办法,落实到自己的行动上,在困难中自觉磨砺坚强的意志,达到知行统一的目的。利用微课学习时,学生注意力高度集中,认真观看微课视频,看到发生在身边的真实案例的虚拟呈现会忍不住哈哈大笑并若有所思,对老师提出的问题能积极回答,课堂气氛活跃、轻松。学生表示微课更直观更形象,富有趣味性,不用在头脑中反应半天,更能接受。学生们感觉自己一下就联系到自身也存在这样的坏习惯,很急切也很有兴致地想看看要如何解决,对本课的内容产生了极大的兴趣,并且很有现实指导性。

(三)提供直观示范,实现知行转化

思想政治课学习不同于其他学科,不在于知识学习上,而在于学生经过知识学习后,面对真实情境所作出的自主行为和自主选择,也就是要落实知行转化。以往的知识学习和教师的谆谆教诲往往因其过于抽象而导致转化效果不理想。利用微课可以较好地解决这个问题,教师通过微课将生活活水引入教学,将教学由课内延伸到课外,延伸到宽广的现实生活空间

---

① 郑丽红.微课堂大智慧——微课在思想品德教学中的应用[J].福建教育,2015(1):5-6.

中,引导学生在生活中学习践行思想品德,在丰富的生活中思考,概括抽象的学科问题,并利用所学来解决现实生活问题,促进思想道德水平的提升。

【教例1】

粤教版《思想品德》七年级下册7.3"自我保护"中的"家庭生活中自我保护的方法和技巧",我们根据教学内容的要求,自主创作了"防盗""防火""防气""防水"四个小微课,四个微课简洁明了地介绍了在家庭生活当中,遇到这四种情景在不同的情况下的处理方式,情景具体,应对方法简洁明了且具体,引导学生当堂完成本节课知识的理解,获得能力的提升,更重要的是通过这个微课让学生直观地学会了在日常生活中遇到这样的危险情境时该怎么做,而且这些微课又可以通过网络平台让学生在课后反复观看、学习。

【教例2】

粤教版《思想品德》七年级下册7.3"自我保护"第一框"增强自我保护意识",是学生在学习了"处处保护"中的家庭、学校、社会和司法保护之后的知识,旨在引导学生增强自我保护意识,提高自我保护能力,对未成年人的健康成长尤为重要,增强未成年人自我保护意识,掌握自我保护的本领是本单元的重点和落脚点,为了突出这个重点,让学生较好地理解和树立自我保护意识,我们从学生完成安全教育平台的作业入手,采用来自厦门本地的事例和数据,引导学生认识到自我保护意识的重要性,取得了良好的效果。

微课这种新型的课程资源在思想政治课堂教学中如何更好地应用,提高思想政治课堂教学效率,还有很多不同的应用方式,还需要我们不断进行深入探讨。

第三节 思维导图建功

"思想品德课程作为一门综合性课程,注重课程内容、课程结构的关联性与整体性,帮助学生形成正确的思想观念和良好的道德品质。"①初中思想政治课的课程是一门包含道德、心理健康、法律和国情等内容的课程,课程内容涉及的方位广,且与学生所处社会的时事和生活密切相关,学生学习需要学会将所学知识用于发现问题、分析问题、解决问题,需要学生具有一定的整体思维能力,因此,指导学生开展整体学习具有十分重要的意义。

整体学习是从培养学生核心素养的目标出发,引导学生将所学知识建构成整体知识模块,并引导将所学知识与身边的生活、国内外时事等进行多维联系,形成立体的知识和应用结构。这样的整体学习建构,期望学生所学的知识不是零散的,而是整体的,学生学习的知识不是死的而是活的,是能应用于实际的知识。这种整体学习建构能促进学生的主动学习、主动建构,学生在联系生活、联系实际的过程中主动应用、内化所学的知识,并在此过程中活动成长。笔者在思想政治课教学中借助"思维导图"这一软件工具,开展整体学习建构的研究,取得了较好的效果。本章中主要以笔者曾经开设的一堂运用"思维导图"进行复习课教学的全市性教学示范课为蓝本,论述相关的探索。复习课是学生学习思想政治课的重要形式之一,复习课教学更需要教师帮助学生进行整体建构,教师要通过复习课教学帮助学生梳理和系统掌握所学的道德、心理健康、法律、国情等内容的知识,在此基础上发展学生认识、思考和解决生活问题的能力,促进学生思想道德的发展。"思维导图"是一种风靡全球的思维辅助工具,运用很广,在思想政治课堂教学中的运用也日渐受到重视。运用思维导图,帮助学生进行整体学习建构,提升思想政治课复习课的教学效率,是很有意义的探索。

一、增强理解与记忆

思维导图是由各级不同的关键词辐射发散而形成的,关键词是思维导图的核心要素。指导学生画所学知识的思维导图的一个前提是指导学生学会提炼和凝练关键词,提炼和凝练关键词要求学生对学习内容有一个准确的理解和掌握,建立起这些知识点之间的内在逻辑关系,是一个对知识再加工的过程,能促进学生对学习内容的理解和掌握,培养学生分类、归纳等思维能力,提高学生的学习效率。另外,澳大利亚广告学家赫斯提出:"广告超过12个字,读者的记忆力要降低50%。"关键词往往是字数较少的

---

① 骆奇.课堂整体教学模式的构建[J].思想政治课教学,2016(4):16.

短语或词语,从记忆的角度来说,关键词更便于学生学习和记忆。

【教例】

"依法治国是基本策略"这一课,是初中思想品德课的教学重点。学生通过学习要能够识记依法治国的含义、意义及全面落实依法治国基本方略的新方针等有关知识点,这些知识点理论性比较强,相对比较抽象,学生受思维发展水平的限制,不容易将知识线索梳理清楚,复习、记忆这些内容时会比较困难。如何提高这一课的复习效率?一是要将本课的知识点的条理梳理清楚,二是要让学生通过提炼关键词来加深对所学内容的理解,从而达到熟练掌握的目的。基于此,在复习这一课时,我以指导学生画思维导图为抓手,让学生对所学课文的内容分别以"是什么""为什么""怎么做"和"含义""意义""新方针"两组关键词为线索对本课的知识在归类或分层的基础上进行梳理,抓住了本课所学的主干知识,对这节课所学内容有一个整体的认识。接着,我让学生逐字逐句对每一部分知识点的表述进行分析,找出其中的关键词,如"依法治国的含义",把握住党的领导、依照宪法和法律、管理国家事务、经济文化事业和社会事务三组关键词;四个新方针中的"科学立法",包含"继续立法"和"加强立法"两个层次的含义,"继续立法"和"加强立法"就是"科学立法"的关键词,在指导学生提炼出这些关键词的基础上,让学生画出这一课的思维导图,这个过程既指导了学生梳理课文的知识线索,也促进了学生对所学知识的理解,提高了学生记忆的效率。

二、培育理论联系实际的能力

"面向丰富多彩的社会生活,善于开发和利用初中学生已有的生活经验,选取学生关注的话题组织教学,为学生的思想道德成长服务。"[①]引导学生理解、建构所学的知识体系网络后,更重要的是引导和让学生学会运用所学知识认识、分析、解决生活中的现象、时事和问题,提高学生的思维能力、分析解决问题的能力,最终实现学生思想道德的发展。

---

① 中华人民共和国教育部.义务教育思想品德课程标准(2011年版)[M].北京:北京师范大学出版社,2012.

为了达成这一目标,通常的做法是选取一些案例,指导学生对案例进行分析,在分析的基础上运用所学的知识尝试着进行解答,这样的复习方式,也可以帮助学生理论联系实际,学以致用,但不足之处在于这样的复习方式,仅仅是一至两个知识点的学习和应用的练习,知识点与生活问题的解决间的联系缺乏系统,缺乏整体认识。指导学生画"主题式思维导图",让学生从一个主题出发,联系与主题相关的生活问题与时事,尝试用所学知识分析、解决实际问题,实现理论联系实际的教学目标,所学的知识能指导学生理性思考和解决实际问题,"活化"所学的知识,知识学习与实际运用形成一个思维的整体,知识点与知识点之间是系统的,知识学习与知识运用之间也是系统的,更便于学生对所学内容系统地掌握和运用,学习效果更好。

【教例】

在指导学生复习"依法治国是基本方略"这一课时,我指导学生画出这一课的知识框架的思维导图后,进一步向学生提出:以依法治国为主题,从"会议"、"语录"、"事件"和"案件"四个关键词,整理2014年6月到2014年12月间发生的与依法治国主题相关的时事新闻,并思考这条新闻可以用学过的哪些知识来分析和解决,在此基础上画出思维导图。在学生画出并展示自己的思维导图后,我归纳并展示了思维导图初稿,和学生一起完善了主题为依法治国的思维导图(图6-1),这样知识之间、知识与实际问题之间形成了有机联系的系统,学生复习不仅记住了所学的知识,更重要的是系统运用所学知识解决了问题,实现了理论联系实际的目标,提高了学习效率,起到了较好的复习效果。

三、提升课堂学习效率

复习课不同于平时的讲授新课,需要对知识进行梳理,不仅要掌握,还要学会运用。复习课往往比较枯燥、单调,学生往往处于被动的地位,学习热情不高;再加上很多老师的复习课教学模式往往以让学生诵读记忆及练习讲解的方式来组织,这样的复习方式让学生提不起兴趣,效果也就不理想。

以画"知识思维导图"和"主题式思维导图"为抓手,作为课堂复习的任务驱动,可以激发学生参与的积极性,调动学生的学习兴趣,真正发挥了学生的主体地位,改变学生单一的读与写的复习形式,使学生的学习任务系

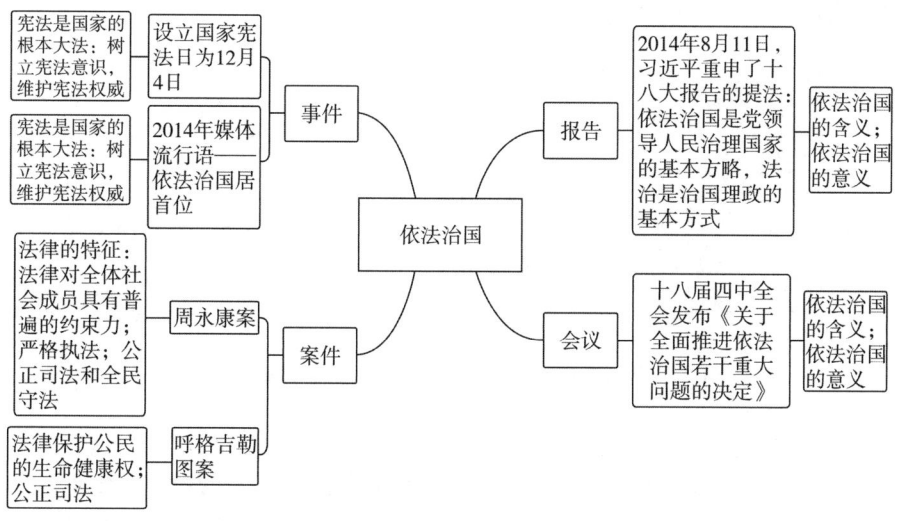

图 6-1 依法治国思维导图

统化,从而达到提高复习效率的目标。"思维导图运用图文并重的技巧,把各级主题的关系用相互隶属与相关的层级图表现出来,把主题关键词与图像、颜色等建立记忆链接"[①]。学生以自己感兴趣的图像和颜色画出所复习内容的思维导图,提高学生的学习兴趣,并因此而建立了一定的记忆连接,运用了多通道记忆,提高了学习效率。

【教例】

在复习九年级"依法治国是基本方略"这一课时,我没有再让学生以背、记为主要的复习手段,而是在提取关键词的基础上,让学生用自己喜欢的颜色和图案,画出本课知识的思维导图和以依法治国为主题画出理论与实际相结合的主题式思维导图,让学生按照学习小组进行讨论,交流各自的思维导图。学习小组把每个小组成员的思维导图进行了归纳整合,形成了学习小组共同的思维导图,然后,由学习小组的代表进行展示、讲解,在学生展示、交流后,教师再对学生画的思维导图进行点评。之后,教师展示了自己制作的思维导图(图 6-2),进行对比,在不断的比较和交流之后,学生对本课的学习内容有了比较深刻的印象,不知不觉间达成了知识记忆和

---

① 孔繁敏.历史教学中关于智慧课堂教学模式的思考和探索[J].山西电教,2019(09):27.

知识运用的效果,较好地完成了复习任务。

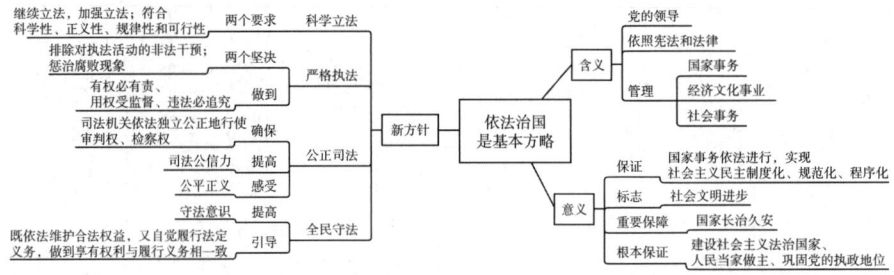

图 6-2 教师总结的依法治国思维导图

思维导图在思想品德课复习课中的应用,发挥了思维导图中蕴含的思维聚集、思维发散的功能及图文并茂的活泼的表现形式的特点,激发学生学习兴趣,发挥学生学习的主动性,引发学生积极思考,提高学习效率。但思维导图是一种思维辅助工具,主要特点在于辅助思维,因此它在课堂教学的使用上有一定的局限性,引入思想政治课教学需要我们理性研究,正确认识,抓住其本质和核心的要素,进一步探讨,真正发挥作用,不应该将之"万能化",避免牵强附会,才是清醒和科学的态度。

附:"依法治国是基本方略"(粤教版)教学设计

"依法治国是基本方略"教学设计

(一)概述

(1)课名是"依法治国是基本方略",是初中粤教版思想品德课2014年版九年级的内容。

(2)本课为1课时,45分钟,本节课是复习课。

(3)本课时是初三期末复习课。主要学习内容是通过介绍"思维导图"工具的使用,引导学生学会提炼关键词,并将依法治国相关的知识及内在逻辑,以思维导图的形式将其形象化,让学生借助思维导图工具学会用所学的有关依法治国的知识分析、解决生活中的问题,提高学习的效率。

(二)教学目标分析

1.知识与能力

(1)知道依法治国是我国的治国方略。

(2)通过复习能够识记依法治国的含义、意义及全面落实依法治国基本方略的新方针等有关知识。

(3)能够分析依法治国的含义、意义和依法治国基本方略的新方针的关键词,并运用"思维导图"的形式将所学的这些知识间的内在逻辑予以具体化呈现,理解其内在的含义和关系。

(4)能够借助思维导图的"发散"功能,将本课所学的有关知识与现实生活中的时政材料和事件产生联系,并会用有关的知识予以分析并解决有关问题。

2.过程与方法

(1)能够画出依法治国的基本思维导图,学会系统、整体把握所学的知识。

(2)会分析相关知识点的关键词,提高相关知识的学习效率。

(3)会运用所学的法律知识分析和解决日常生活中有关的法律现象和法律问题。

3.情感、态度、价值观

(1)通过本课的学习提高对思想品德课学习的兴趣。

(2)通过本课的学习增强法律意识和依法办事的意识。

(三)学生特征分析

(1)本节课的教学对象是厦门市槟榔中学初三(5)班的学生。这个班是借班上课的班级,经过课前与科任老师交流,了解到这个班的学生思维活跃,参与学习和表达的愿望比较强烈。

(2)学生现在面临着期末初三市质检,复习学习的内容比较多,如何提高复习的效率,用所学知识解决问题的能力有待提高。

(3)初三年级的学生已经具有一定的逻辑思维能力,思维水平处于从感性思维向理性思维的发展阶段,记忆水平较多地停留在具体的和形象的记忆阶段。

(四)教学策略的选择与设计

本课综合运用讲授式、启发式等教学方式和自主学习、探究学习、合作学习等学习方式,通过微课让学生自主学习和思考思维导图在思想品德课学习上的运用,通过小组合作学习的方式分析依法治国相关知识的内在关系,学会整体认识,整体把握有关知识。利用思维导图作为探究抓手,让学生从依法治国的知识出发联系生活中的有关时事,并分析其所对应的相关解决问题的知识,提升学生理论联系实际,用所学知识分析和解决日常生活法律问题的能力。

设计特色:

以"思维导图"工具为抓手,让学生通过抓住关键词来分析所学知识的重点,通过画思维导图整体把握所学知识;利用思维导图的发散功能学会分层、分类对待问题,提高学生学习和复习的效率。

(五)教学资源和工具

(1)制作《思维导图》和《〈依法治国是基本方略〉的思维导图》的微课;

(2)专门为本课设计、制作的课件;

(3)多媒体设备、展台。

(六)教学过程、环节

第一阶段:营造学习氛围、激发学习兴趣。通过有关物品词语的短时记忆训练导入,激起学生对提高记忆效率的兴趣和向往。

第二阶段:学习《思维导图》微课,了解思维导图这一学习工具,分析思维导图在思想品德课学习中的应用。

第三阶段:小组合作制作《依法治国是基本方略》的思维导图,并展示,进行小组交流,播放《〈依法治国是基本方略〉的思维导图》的微课,让学生在对比中完善自己所制作的思维导图;培养学生抓关键词和通过思维导图整体把握"依法治国是基本方略"的知识。

第四阶段:继续以思维导图为抓手,让学生以依法治国为主题,回顾近半年来与依法治国相关的时事,并进行分类,画出思维导图,在此基础上进一步制作相关的时事与所学知识的联系的延伸思维导图。培养学生理论联系实际的能力、运用所学知识分析解决生活中的法律现象和法律问题的能力,树立法律意识。

第五阶段:启发学生,运用思维导图工具进行思想品德课的复习和其他学科的学习。

以上论述的"生·长"之技是我从教以来的实践和思考,这些实践和思考侧重在影视资源、微课、思维导图的应用上,助力中小学一体化主要从发挥学科教学在学校日常工作中的作用进行论述的,整体上看具有一定的局限性。但这是我从学生成长的立场,基于初中思想政治学科的特点出发,结合个人的优势和特长等特点的思考和实践,是真实的实践和思考。由于时代变迁,教材已经发生了较大的变化,但我还将忠于原来的教例,主要还是为了忠于自己这一路走过的真实探索。不同的老师在"生·长"之技上一定还有很多自己独特的思考和做法,不同的人有不同的角度,但不管是什么样的角度和做法,促进学生的生长,培养担当民族复兴大任的"时代新人"才是我们共同的目标。

第七章

"生·长"之师

"教师在教育过程中的作用是巨大的,是不可替代的"①,学校教育活动是由教师具体执行,教师和学生双方共同参与、双方互动的过程,这个互动过程中学生要能积极、主动参与。学生积极、主动参与,需要教师的引导和调动,这是教师在学校教育活动中主导地位发挥的重要体现,学生在学校教育活动中的参与情况是衡量教师主导地位发挥质量的重要指标。"教师与学生是教学过程中地位不同的两个主体"②,学校的教育过程既包括教师如何教的问题,也包括学生如何学的问题,更包括学生学的过程,但总体来说,在教与学这两个主体的关系上,教师是主要的。

"生·长"教学主张着眼于促进学生更好地成长,教师在这样的过程中发挥着重要的作用,主要体现为教师在教育活动中是否具有学生立场,是否能联系学生身边的生活,教学来自生活又回到生活,以及从学生生命成长的需要思考和进行教育教学活动等。因此,教师对"生·长"教学主张的理解、认同和践行就显得尤为重要,只有教师在思想上理解、观念上认同、教学行为上践行,"生·长"教学主张才具有生命力,才能真正实现它提出的意义。

---

① 杨兆山.教育学——培养人的科学与艺术[M].长春:东北师范大学出版社,2006:337.
② 杨兆山.教育学——培养人的科学与艺术[M].长春:东北师范大学出版社,2006:334.

第一节　教师与学生同成长

共同成长不仅体现在教育教学过程中学生与老师都得到了发展，更体现在学生的成长推动了老师的成长，老师的成长又促进了学生的成长。学校的教育教学活动是复杂的，学校教育教学活动的对象——学生，是一个个独特的生命个体；教育教学过程是一个长期的过程，学生的学与教师的教也是一个长期的过程，教育教学活动是一个"教学相长"的过程，因此教育教学过程本身就是一个共同成长的过程。

一、从目中无人到眼中有人

教师处于教育教学专业成长的什么阶段，一个很重要的判断指标是教师如何看待自己的教育教学对象——学生，因为对待学生不同的方式将给教师的教育教学活动的实践带来决定性的影响。大多数教师是从目中无人开始的，随着如何更好地促进学生生命成长的认识的加深，教师眼中的学生越来越具体、越来越立体，教师眼中开始充满一个个鲜活的有个性的学生，这样的变化将给教师的教育教学专业成长带来极大的促进和帮助。

德国教育家第斯多惠说："教学必须符合人的天性及其发展的规律。"[①] 学生立场是指教师在教育教学实践中尊重学生的个性与选择性，从学生的视角去看待周围的事物，主动走进孩子的心灵，敬畏、参与创生学生的教育和学习生活，与他们站在同一视角，去看待周围的事物，理解学生的言行，尊重学生的选择和决定，与之产生思想与情感的共鸣。

第一，教育教学活动要面向每一位学生。美国教育家布鲁姆曾经说："教育者的基本态度是选择适合儿童的教育，不是选择适合教育的儿童。"许多教师在初走上教育岗位，刚开始从事教育教学活动时，由于缺乏对个体学生的关注，教师在教育教学活动设计时只关注自己的教育教学内容的落实，教育手段的采用和教育教学内容的处理往往处于简单的、单一的状

[①] 朱国仁.第斯多惠的教学论思想[J].教育评论.1986(03):74.

态，缺乏对学生成长需要的关注，对学生出现的教育问题常常处于捉襟见肘的疲于奔命的应付状态。随着教育教学实践经验的丰富，教师开始思考如何促进学生的成长，关注每个学生的生命状态，尝试"因材施教"，教育教学活动开始关注一个个具体的学生，用综合、整体的视角研究学生，比如，对学习困难的学生，教师开始思考鼓励他们主动参与的切入角度，懂得及时鼓励、肯定他们的点滴进步等。这时的老师眼中有了一个个具体的活生生的生命，教育教学活动变得生动、有效。

第二，读懂学生的成长需要。学生的成长需要指的是在学生的成长过程中产生的与之成长相关的需求。学生的成长需要是人的需要理论与教育的结合，是从"成长"与"需要"双重视角下研究人的发展问题。读懂学生的成长需要要求教师认真学习马斯洛的需要层次理论、埃里克森的人格发展八阶段理论及维果茨基的最近发展区理论等，为研究学生的成长需要打下理论基础。思想政治学科是育人的学科，要实现学科的育人价值，需要教师从学生的成长需要开展教育教学活动，教育教学活动的开展要降低"重心"，活动的设计和开展不是从教师的视角和经验出发，而是要研究学生，读懂学生的成长需求，寻找学生学习的"生长点"，引导学生从已有的知识经验中生长出新的知识经验，根据学生的实际有针对性地开展教育教学活动，在教学中积极调动每位学生学习的积极性和自觉性，使不同的学生在原有的基础上有不同程度的发展。要读懂学生的成长需要，教师的研究视角要从单一走向综合，从简单走向复杂，系统、整体上把握学生成长的需要，既研究不同学龄段的学生心理特点，又了解学生日常的行为变化，读懂学生成长需要的内因、外因。

第三，转变自己在教育教学活动中的角色定位。叶澜教授认为："教师工作直接面对的是生命；人类最宝贵的财富是生命的成长。在一定的意义上可以说，教育是一项直面生命和提高生命价值的事业。"[1]学校教育教学活动的对象和教育教学活动的立足点是一个个具有鲜活生命和独特个性的学生，教师作为学校教育教学活动的执行者，要把自己在教育教学活动中的角色定位从学生学习的主导者、给予者转变为学生学习活动的指导者、管理者和参与者。教师在教育教学活动中的行为要通过给学生提供学习的元认知工具，培养学生批判性的认知加工策略，帮助他们掌握应对各

---

[1] 叶澜.新基础教育论：关于当代中国学校变革的探究与认识[M].北京：教育科学出版社，2006(09)：220.

种挑战所需要的知识、技能和策略，养成独立自主和控制自己学习的习惯，让学生成为独立思考者和独立解决问题者。思想政治学科教学要提升育人价值，教师在开展教育教学活动时，要基于真实的教育情境，设计和引导学生形成对基本理论的认识与掌握，并在行动上自觉践行的教育教学活动。

二、从知识传递到意义建构

"生·长"教学主张是基于思想政治学科，为促进学生的成长，在开展教育教学实践的过程中逐渐探索和反思，形成自己对教育教学过程的认识。在教育教学过程中，为了促进学生的成长，教师在教学设计、教学策略方法的选择上一开始往往重视的是如何将学科知识的内容传递给学生，对教学目标的达成更关注学生知识学习的情况，考虑的是如何让学生学好教材上的知识内容，教育教学处于课程知识的传递状态。随着对教育教学认识的深入，更随着教师对促进学生成长必须聚焦学生的学习、关注学生的生命状态的认识，教师对教育教学的设计和教学策略的选择逐渐倾向能激发学生的学习兴趣，引导学生学习的自主学习，从生活实际出发，帮助学生进行生命意义的建构。

第一，开展有意义的建构学习。思想政治教师在开展教育教学工作时，要从学科育人的立场出发，不仅重视学生的知识学习及学习能力的培养，更要重视学生在真实情景下的自主选择和自主行动等行为的培养，教师在教育教学过程中不仅要组织学生学习必要的思想政治理论知识，教会学生独立思考的学习能力，还要从学生日常生活的真实情景出发，把充满丰富情感体验的活动引进课堂，使学生在具体生动的感悟中培养独立人格。冯·格拉塞斯菲尔德说："教师可以为学生确定一个总的方向并且可以安排一些阻止学生进行不适当建构的限制因素。"[1]因此，教师在教育教学过程中要营造让学生感受到信任与尊重的教育教学氛围，以丰富学生的情感体验，帮助学生理解学习的过程和学习的内容，建立学习内容与学习者个人之间的联系，培养学生自发、自觉的学习习惯，实现真正的有意义学习。为了使意义建构更有效，教师应在可能的条件下组织协作学习，提出适当的

---

[1] 全国12所重点师范大学联合编写.教育学基础[M].北京:教育科学出版社,2002(07):183.

问题以引起学生的思考和讨论;在讨论中设法把问题一步步引向深入,以加深学生对所学内容的理解;要启发引导学生自己去发现规律、自己去纠正和补充错误的或片面的认识,并对协作学习过程进行引导,使之朝有利于意义建构的方向发展。

第二,紧紧联系生活实际。建构主义认为,学习是学习者积极主动的意义建构和社会主动的过程,是对新信息的意义建构和对原有经验的改造和重组。教学就是促进学习者内部心理结构的形成和改组,在教学实践中,一方面,教师要遵循"逐渐分化"的原则,帮助学生建立一个由高至低的认知结构,先教学那些概括性和包容性的知识,再安排那些概括程度依次降低的知识,帮助学生将新知识纳入自己原有的知识体系中去,使内容有效地得到缩减;另一方面,教师要引导学生去发现不同知识之间的潜在的共同特征和貌似相同的知识内容之间的不明显的区别,使学生抓住本质,从而牢固地把握新教学的内容,也为后续教学打下坚实的基础,形成一个良性的循环。这些措施的完善与落实则主要依赖于教师永不满足的知识渴望和在实践中不断提升的教育境界。思想政治课建构的基础是"逐步扩展的生活",思想政治课教师要基于生活设计学习问题,在意义建构的过程中教师应要求学生主动去搜集和分析有关的信息资料,对所学的问题提出各种假设并努力加以验证。学生要善于把当前学习内容与自己已有的知识经验联系起来,并对这种联系加以认真思考。生活化教学是将教学活动置于现实的生活背景之中,从而激发学生作为生活主体参与活动的强烈愿望,让他们在生活中学习,在学习中更好地生活,从而获得有活力的知识,并使情操得到真正的陶冶。我们教育教学的对象——学生,是一个个涌动着活力的生命体,是蕴藏着巨大的潜能并有主观能动性的个体,教师要用发展的眼光看待他们,积极关注他们自身内在的知识建构过程,这样的教育教学活动才是有意义的。教师应该重视学生自己对各种现象的理解,倾听他们的看法,思考他们这些想法的由来,并以此为据,引导学生丰富或调整自己的解释。

三、从知识教学到实践育人

思想政治课程学科具有育人的功能,是立德树人的关键课程,因此,思想政治课教学要在知识教学的基础上,促进学生的能力提升,培养学生的家国情怀、社会公德、法治意识和政治认同是思想政治课教学的重要目标,教师在设置教育教学目标时要参照社会发展需要和学生个人的发展思考如何让学生在已有经验基础上帮助他们获得发展,在教育教学过程中通过创设生活情境,引导学生认识和体验生活,在认识和体验中建构知识,将这些知识内化为学生的情感、信念和价值观,自觉地在生活中践行。但这个认识并不是一开始就有的,有的教师一开始对学科教学的理解就局限在知识教学的层面,把思想政治课教学局限在通过上课、做练习、考试检验等知识教学环节落实。

思想政治课教育教学要回归学生的生活实践。思想政治课教学在知识教学的基础上,促进学生的能力提升,培养学生的家国情怀、社会公德、法治意识和政治认同等核心素养,必须有一个实践的环节。学生不仅有相关的知识学习,还有情感、意志和行为的转化,情感和意志主要是通过体验获得,而体验必须在实践活动中产生,若没有亲身经历和真实感受的体验环节,没有心灵的触动,就无法真正实现学生思想转变的过程,要知道带学生到实践中去感悟、去体会,比老师在课堂上洋洋洒洒地说教、父母在家中一再强调要实在、动人得多;检验学生思想道德素质的高低,不是听他怎么说,主要看他是怎么做的,主要是看他在真实的生活实践中面对真实的生活情境和冲突所作出的自主的选择和自觉行为。

思想政治教育教学是教育与实践相结合的过程,要按照实践育人的要求,以体验教育为基本途径,精心设计和组织开展内容鲜活、形式新颖、吸引力强的教育实践活动。各种实践活动都要突出思想内涵,强化思想政治要求,并与丰富多彩的兴趣活动和文体活动相结合,注重寓教于乐,满足兴趣爱好,使学生的思想感情在自觉参与中得到熏陶,精神生活得到充实,思想政治境界得到升华。寓思想政治教育教学于丰富多彩的活动与实践中,让活动与实践成为连接学生主体世界和客体世界、个体生活和集体生活的媒介与桥梁。让学生在活动中亲身感受真实情景中的思想冲突,在实践中体验思想情感,形成自己的判断,养成行为习惯,符合学生身心发展的规律,符合学生年龄和心理特点,更为学生所喜闻乐见、易于接受。这样的教育活动可以与学校的教育活动相结合,把思想政治课的课堂教学延伸到学校方方面面的教育教学活动中,拓宽学生思想政治教育的教育路径和渠道。思想政治课课堂教学实践育人的策略在本书前文已经有了论述,那么在课堂教学之外,学生思想政治道德品质的培养要注重以下三个方面的结合。

第一,与社会主义核心价值观系列教育活动相结合。学校通过国旗下讲话、班会课、黑板报、宣传栏进行社会主义核心价值建设的系列教育。各年段、班级、团队组织根据学生年龄段和心理的不同特点,把社会主义核心价值观"富强、民主、文明、和谐、自由、平等、公正、法治、爱国、敬业、诚信、友善"的教育,具体到学生在校的行为规范中。学校结合社会实践开展"尊老敬老"的公民道德教育活动;"弘扬民族精神,营造校园文明氛围"等主题系列教育活动。

第二,与学校文明校园建设的系列主题教育活动相结合。召开"诚信教育""向不文明行为告别"等主题班会课;通过班容仪容检查、卫生检查的常规化、制度化,加强学生的文明礼仪教育和良好卫生习惯的养成教育,提高学生的道德水平;以宣传"抗击新冠疫情"等重大时事事件为契机,及时对学生进行爱国主义教育,增强学生的爱国主义精神;借力18岁成人意识教育活动,形成制度,不断规范,组织年满18周岁的学生,对他们进行成人法律意识教育,参加成人宣誓仪式,培养学生的成年意识和责任感。

第三,与校园文化建设相结合。结合学校开展的读书征文活动,指导学生开展读书活动,举办校园图书文化节活动,成立读书社并开辟交流园地,引导学生开展研究性学习等。

【教学叙事】

笔者曾经发表过一篇教育叙事《有本事与我单挑》,讲述笔者对教育学生的过程的认识和变化,这个变化过程能反映出教师与学生共同成长的过程。

有本事与我单挑

1993年7月,我大学毕业后,走上了中学的讲台,开始了教书育人的生涯。在这之前,我在大学里系统地学习了教育理论,参加了教育实习,跟学生接触了一个多月,对教育的感觉挺美好的,特别是实习结束时师生的依依惜别颇让人怀念。

我万万没有想到的是,走上讲台后,日子因为学生而变得琐碎,之前对教育的美好感觉很快就因为琐碎而荡然无存。

根据学校的安排,我承担初二年段四个班的政治课教学任务,兼初二(3)班的班主任。初二学生,正是长身体的时候,成长使他们变得蠢蠢欲动,加上没有太多的学习压力又使一些学生无所事事。很多时候,他们好像喜欢变着法子让老师不开心来获得快乐。我教的政治又因为学科的特点加上自己初出茅庐没经验,不是很受学生欢迎,每次上完课我都有一种进行了一场艰苦战斗的疲惫感,感觉如坠入一个看不到底的深渊……

偏偏在这个年段还有一个名气很大的学生,他叫陈同学。除了班主任,几乎所有科任老师的课,陈同学都无法安安静静地坐着听讲,他一会儿钻到课桌底下,一会儿跟同学说话,一会儿摆弄玩具,一会儿发出怪叫,几乎没有片刻的安宁,整堂课常常因为他而变得支离破碎;课外他带着同学翻过学校围墙,到校园附近邻居庭院中的枇杷树上偷摘枇杷,被邻居拎到学校告状;因为太调皮,他在乒乓球桌上跳来跳去,以致一个不小心从桌子上摔下来而头破血流,真可谓是"英雄事迹"层出不穷。

他的家长也因为他的"英雄事迹"经常被班主任及各个科任老师轮流请到学校来配合教育,父子俩都成了学校教师办公室的常客。他的父亲脾气急躁,恨铁不成钢,在家里经常因为教育陈同学而上演"单打"或者"混合双打"。甚至有几次,他的父亲因为愤怒之极直接在学校办公室当着老师的面狠狠地以秋风扫落叶之势给了他几个巴掌甚至踹上两脚,直让旁观者怀疑这孩子是不是他亲生的。他父亲有时也跟老师诉苦:对这个小孩的教育我也很重视,从不偏袒护短,孩子犯错误,都会配合老师进行耐心的教育,甚至不惜拳脚相加,但屡不见效。在教育这个孩子的问题上,他既无奈又疲惫。

对于我的困境,学校的领导和老师也及时伸出援助之手,他们无私地把经验倾囊相授,教我如何维护课堂纪律,如何备好课,如何有效地教育学生。教导主任柯老师和指导老师柴老师经常听我的课,及时指出我存在的问题,告诉我解决的办法。一段时间以后,我的班级管理和教学工作开始走上正轨了,教育对我而言又有了些许的温情和美好的感觉。

但对陈同学的教育,我仍然束手无策。我也学着其他老师的样子对陈同学破坏纪律的行为给予一定的教育和惩罚,有时也请班主任协助教育。当陈同学有情节比较严重的破坏纪律的行为时,我还会请他的家长来配合教育,当然,每次他的家长到校,陈同学都免不了被他的父亲一顿臭骂甚至加上一顿拳脚。这些教育手段对别的老师来说或许有点效果,可我使用起来却效果不显著,甚至有适得其反的效果,这也许是因为我的年轻和陈同学对年轻的我的轻视所致。

有一天,在我的课堂上,陈同学又一次当面顶撞我对他破坏课堂纪律的批评。于是,我在下课后将陈同学带到了办公室。

在办公室里,他一脸的不在乎,双手插在裤袋中,身体不停地抖动着,斜着眼盯着我,对于我的教育,我说一句他顶一句,压根不把我放在眼里。

我怒不可遏地告诉他："在我把这个事情报告给班主任之前,我先把你爸请过来好好地'教育'你。"于是,我找出他爸爸的电话号码,走到办公室的一角给他父亲打电话。没想到陈同学这家伙看到我在找电话号码准备给他父亲打电话,赶快趁我不注意的时候溜了出去,我发现以后,马上追了出去,并在后面叫道:"你到哪里去?你给我回来!"没想到这家伙听到我的叫喊非但没有停下,反而更快地往外跑,我也飞快地从楼上冲下去追他,一直追到校门口,仍然追不上,我气急败坏地喊道:"你跑得了和尚跑不了庙!"

"有本事你跟我单挑!"陈同学远远地回过头来向我挑衅地喊道。

"有本事你跟我单挑",逐渐冷静下来的我开始琢磨他给我留下的这句话。我倒不是怕和他"单挑",而是突然发现自己在教育陈同学这件事上的某些不恰当,觉得自己在处理陈同学的这个事情上,不知不觉陷入了一种无效的循环状态。我总是习惯于学着其他老师的做法,把犯错误的陈同学带到办公室语重心长地教育一番,完了就将他交给班主任去处理,或者是习惯性地通知家长过来配合我们教育,紧接着家长再带回家去,这样继续'教育',久而久之,孩子知道了我机械的处理问题的方式,这样的教育当然没有了效果。而且最不应该的是,我明明知道陈同学父亲处理孩子问题时态度粗暴,对孩子最多只有威慑作用,而没有教育的效果,还以配合教育的借口让陈同学饱受皮肉之苦。我的内心深处是不是有一种借陈同学父亲之手替自己解恨的潜意识呢?这样的教育方式能有什么好的效果呢?说不定陈同学已经在内心深处看不起甚至仇视我这样的老师呢。

看来我得正视跟陈同学"单挑"这个问题,当然,跟他"单挑"不是武力意义上的"单挑",而是教育策略上的"单挑"。我作为一名教育工作者,教育的对象是一个年段的二三百个学生,每个学生都是独特的个体,而我却忽略要对不同学生采取不同的教育方式。"单挑"提醒着我教育学生要在"单"字上下功夫,我想:"所谓的'单'要求我在教育学生时要针对每个不同的学生,分析其问题的成因,采取相应的教育方式,也许才会有好的效果。"在陈同学不断违反纪律这个问题上,我恰恰忽略了"单"的问题。

"有本事你跟我单挑!"这句话使我这个初出茅庐的教育新兵对理想教育有了醍醐灌顶的感觉。我们有的时候面对实际思考出来的道理远比书本上写的理论来得生动、来得有用。

从此,对陈同学破坏纪律的行为我不再请他的父亲配合教育了,不再简单地将事情交给班主任,而是有意识地跟他"单挑"了。我经常在课间或者课外有意识地和他聊天,不聊学习,不聊纪律,只聊他感兴趣的话题。刚开始的时候,他很不适应,老用提防的眼神看着我,被动地我问他答,随着次数的增加,他的戒心逐渐消除,有时甚至会来跟我聊聊学校发生的事,谈谈他的看法。他对我态度开始好转,课堂上他也不好意思那么闹了,开始按照我的要求,跟着在书上画要点,记记笔记,回答提问了。我抓住机会经常表扬他,他慢慢跟我亲近了,他在其他学科的课堂上也能安静地听课了,课外和其他同学到处闹事的情况也少了,他父亲到学校的次数慢慢少了,以致怀疑学校老师可能不理陈同学了,还专门跑到学校来了解情况。他父亲知道事情的原委以后,很真诚地到学校来感谢学校的老师。其他老师有时候跟我开玩笑说:"小郑,你是怎么把陈同学搞定的?"我答道:"我经常跟他单挑!"

第二节 "生·长"之师必备

2019年3月18日,习近平总书记在北京主持召开的学校思想政治理论课教师座谈会上提出,办好思政课,关键在教师,并对全体思想政治理论课教师提出了"政治要强、情怀要深、思维要新、视野要广、自律要严和人格要正"六个方面的要求。在新时代,思想政治理论课教师必须按照习近平总书记提出的六个方面的要求经常审视自己,努力补齐自身能力和素质方面的短板,真正成为能力和素质全面过硬的思想政治理论课教师。六个方面的要求是适应新时代教育发展、办好思政课对思政课教师队伍的根本要求,它是思政课教师做好播种信念、夯实信仰、提振心灵、建构人格、培根铸魂工作的内在需要,对加强思政课教师队伍建设,培养担当民族复兴大任的时代新人具有重大而深远的历史意义。作为思想政治教师,我们要全面把握这六个方面的基本要求,不断地增强做好思想政治教学工作的能力和素质。

"生·长"教学主张的提出,是为了更好地实现引导广大青少年自觉学习和努力践行习近平新时代中国特色社会主义思想,切实增强"四个自信",厚植爱国主义情怀,立志为坚持和发展中国特色社会主义事业、建设社会主义现代化强国、实现中华民族伟大复兴而奋斗终生的教育教学目标。因此,怎样坚持"六要"标准,做好思政课教师,笔者作为思想政治课教师,结合自己的成长经历,就"生·长"之师的素养和能力谈谈自己的想法,以抛砖引玉。

一、"生·长"之师的素养

(一)心有信念

思想政治理论课是一个科学性与意识形态性高度统一的课程,具有鲜明的意识形态属性,既要给学生传递科学的理论、思维、方法与精神,更要给学生传递马克思主义的信仰体系。它承载着鲜明的价值观,具有思想引领与价值导向的作用。因此,思想政治课教学不仅在于传授知识,更在于育人,育具有建设中国特色社会主义的共同理想的人,具有正确的世界观、人生观、价值观的人。作为思想政治教师,首先要具有坚定的共产主义理想和建设中国特色社会主义的信念,才能真正实现育好人、育国家与社会发展需要的栋梁。

(二)眼有学生

"生·长"教学主张强调作为思想政治课教师要有学生立场,学生是思想政治课教学的中心,相关部分在上一节已经有了相关的论述,这里不再赘述。作为思想政治教师要热爱学生,了解学生的实际和思想动态,尊重学生的生命个性成长需求,结合学生的生活实际挖掘和开发教学资源,充分调动学生参与学习的积极性和主动性,因材施教。同时,教师必须有堂堂正正的人格,要有信仰、有情怀、有担当,讲品位、讲格调、讲责任,树立高远的理想信念、良好的道德品德、高尚的思想情操,以德立身、言传身教,为学生作出人格表率,以自己的人格魅力去感染和影响学生的品格成长。有了高尚人格的示范、感召和引领,其所承载的理想信念就会随风潜入夜般嵌入到学生的心灵深处,在学生心里种下真善美的种子。

(三)腹有"诗书"

作为思想政治课教师,只有热爱读书,善于学习,具有终身学习的意识,才能具有广博的知识,才能以马克思主义的宽广视野观察世界、分析世界、研究世界,才能高瞻远瞩,观大局、察大势、驭全局,对世界形势作出深刻洞察,对事物变化作出精准分析与辩证把握。在思想政治理论课教学中,教师要善于运用马克思主义方法,从知识视野、国际视野、历史视野的宽广角度透视问题、把握逻辑、探索规律;通过生动、深入、具体的纵横比较,把原理讲深刻和透彻,把道理讲清楚和明白,让教育内容飞入学生的心田,才能善于旁征博引,激发学生的学习兴趣,让思想政治课教学中枯燥的理论生动起来;善于用生动、幽默的言说方式吸引学生,从而引导学生健康成长。

(四)脚踏实地

首先,思想政治课要以明德引领风尚,以崇高的精神塑造灵魂。教师首先要通过严格自律塑造自己、修炼自己,做到学高为师、身正为范,以高尚的人格、深厚的文化修养、真善美相统一的境界,对学生起到引领感召和化育影响的作用。马克思曾说:"如果你想感化别人,那你就必须是一个实际上能够鼓舞和推动别人前进的人。"其次,作为思想政治教师,要做到做人忠诚本分,工作踏实肯干,教学善于理论联系实际,从学生实际出发,引导学生自主参与与自己息息相关的丰富多样的经济、政治、文化生活,经历探究学习和社会实践的过程,认识、体验与践行。

二、"生·长"之师的能力

(一)学习力

学习力是思想政治教师素质高低的尺度。随着时代的发展,国内外环境发生了很大的变化,很多原本没遇到的新问题、新理论、新事物会随之出现,只有加强学习,思想政治教师才能很好地掌握新的理论,提高自己的理论思想水平和教育教学水平。提高思想政治教师的学习力,需要思想政治教师用开放的态度广泛地学习,向新情况、新问题学习,向他人学习,在自我超越中创造性地学习;学习多方面的系统知识,才能深入地观察和把握新时代发展的全貌,准确把握学生健康成长的需要。善于反思也是新时代思想政治教师学习力高低的表现。随着国内外社会经济的发展变化,我们的学生出现了很多新的问题,新形势和新问题的出现势必会给思想政治课教学带来新的冲击和新的课题,问题的及时解决,需要我们在反思中发现,在反思中研究,在反思中解决,同时,在反思的过程中教师也收获了经验,收获了知识,提高了水平。

(二)洞察力

善于观察、发现学生思想政治教育中的问题,总结和提出解决的办法,并形成行动,解决冲突,调整和防止学生的思想偏差,是思想政治课教师促进学生思想健康成长的使命。思想政治课教师的洞察力在于善于从政治上看问题,在大是大非面前保持清醒,政治立场坚定,具有坚定的共产主义信仰和中国特色社会主义信念。让有信仰的人讲信仰,让有信念的人讲信念,才会有底气、有生气、有力量,理想信念才能传得开、信得过、扎下根。坚定的理想信念必须建立在对马克思主义的深刻理解之上,建立在对历史规律的深刻把握之上。为此,思政课教师必须加强政治理论学习,悟原理、求真理、明事理,提高政治能力,担当起学生健康成长的指导者和引路人的责任。

(三)创新力

思想政治课教学是启迪思想、开阔视野、开发心智、塑造灵魂的创造性工作。面对新时代复杂多变的教育环境和媒体融合的发展格局,思想政治课教学要跟上时代发展的步伐,就要因时而变、因时而进、因时而新,守正创新。教师要从马克思主义哲学等书籍中汲取智慧滋养,以创新理念拓展教学方法与模式,讲好马克思主义中国化的故事,讲好改革开放的故事,讲好中国共产党执政的故事,营造宽松愉悦、充满活力的教学场景和氛围,给学生深刻的学习体验,在春风化雨、润物无声中引导学生树立正确的理想信念,学会正确的思维方法。教师要不拘泥于条条框框,善于根据形势的发展及出现的新问题,改变教学方式,引进新的教学手段;勇于针对问题开展研究,探寻解决问题的本质和规律,提高政治课教学能力,提高培养学生思维品质和解决问题能力的效率。

第三节 "生·长"之师修炼

"思政课教师,要给学生心灵埋下真善美的种子,引导学生扣好人生第一粒扣子。"①"生·长"教学主张是对初中思想政治课教学的理念、实施策略、实践路径和教育教学目标达成的整体思考,其核心思想是教师要心中有学生,理论联系生活实际开展思想政治教育教学活动,促进学生知识、事理、情感和价值观等的成长,给学生心灵埋下真善美的种子,实现学生生命的成长,成为党和国家期望的人才。我们作为一名思想政治课教师,要深刻地认识到,我们的教育教学活动承担着培养担当民族复兴大任的时代新人、德智体美劳全面发展的社会主义建设者和接班人的基础保障工作;作为思想政治课教师,责任重大、使命光荣,必须尽心尽责。因此,我们要不断修炼,使自己成为一名能理解、认同和实践"生·长"教学主张,给学生心灵埋下真善美种子的新时代"播育者"。

一、走进学生

对学生的认识是"生·长"之师修炼的重要基点,在"生·长"教学主张中,学生立场是对学生认识的表达,其强调初中思想政治课教师要从学生的立场去思考、组织和开展各种教育教学活动,这是因为初中思想政治课的教学对象是千差万别的学生,这种差别表现在年龄阶段不同,其身心发展特点也不同;学生的性别、生活成长环境不同,学生的性格、气质也不同;即使是同一个学生在不同的发展阶段,其表现出来的特点也各不相同,针对不同的学生、学生的不同发展特点,我们的教育教学内容、教育教学的方式手段也应该有所不同。这种不同要求教师深入研究学生,只有针对不同特征的学生因材施教,才能真正有效地促进他们的发展。研究学生不是一个空洞的口号,而是一项需要扎实落实的工作。

第一,教师要深入研究学生,需要细心和爱心。教师对待学生的细心源自教师对学生的爱心,一个对学生有着深沉的爱心的老师,才可能细心地观察学生言行举止的差异背后的原因,才可能找到问题学生背后的原因而对症下药。

第二,教师要深入研究学生,需要多途径了解学生。研究可以随时随地开展,教师可以通过观察、谈话等正面了解,也可以通过同学、家长等侧面了解,还可以多种方式综合应用,在平时教育教学工作中的观察、思考、比较中进行。

---

① 引自2019年3月18日习近平总书记在学校思想政治理论课教师座谈会上的讲话。

第三，教师研究学生，需要落实在备课环节中。教师研究学生可以更有针对性地开展教育教学活动，增强思想政治课教学的针对性，备课作为课堂教学的一个重要环节，不仅仅要研究教材，设计教学的过程，更要考虑学生，考虑学情，只有从学生实际出发，选择适合学生特点的教育教学策略和方式，课堂教学才能真实有效。

第四，教师研究学生，需要观察学生在课堂教学中的表现。教师通过观察学生在课堂教学中的表现，判断学生学习的发展情况，通过观察学生在课堂教学的参与程度、思维深度和广度、情感状况和情绪状态，了解和判断学生课堂学习后"知情意行"的转化状态，学生在"政治认同""道德品质""法治意识""公民素养"等核心素养方面的发展情况。

第五，教师研究学生，需要对学生进行差异性评价。学生有差别，思想政治课教学也不是要制造相同的产品。教师应尊重学生的差别，不必苛求学生们都达到同一高度、同一水平。只要他在原有水平上有所提高，我们就应该大力表扬、鼓励他的进步，使之获得成就感，从而产生源源不断的动力。每个学生身上都有可赞赏之处，我们应用欣赏的眼光看待这些闪光点，让每个学生都充满成功的喜悦。

总之，学生是思想政治课教学的起点和落脚点，提升思想政治课教育教学实效，必须研究学生、关注学生，我们才能不脱离教学实践，才能获得不竭的动力。在促进学生"生·长"中，思想政治课教师也在获得进步和成长，学生的成长过程也就是我们教师的成长过程。和学生一起成长，思想政治教育教学工作才不会迷失方向，才能体会师生一起成长的快乐。

二、自我修炼

"生·长"教学主张关注学生的"长"的状态，"长"包含着丰富的内容和"扣好人生第一粒扣子"的各种复杂的目标要求，从实现这样的培养、成长目标出发。初中思想政治课的教育教学活动不仅要关注学生课堂教学的情况，还要关注学生在学校的其他教育活动的开展情况；不仅要关注教材内容的教学，还要关注学生身边的生活实际；不仅关注国内的时事变化，还要关注国外的实施发展；不仅关注思想政治学科育人，还要关注其他学科的协同育人，可以说，思想政治教育教学活动是处于"全员育人、全过程育人和全方位育人"的状态，思想政治教育教学活动是立体的、复杂的，作为一名思想政治课教师需要不断修炼。笔者认为这样的修炼的方向体现在以下三个方面。

（一）从琐碎走向系统

思想政治教育教学工作要立足于课堂教学，整合社区、学校、班级等各种教育活动为一体，形成育人的整体合力。同时，大部分初中思想政治教师都将同时兼任班主任工作，在大多数人的印象中，班主任的工作不外乎每天早出晚归，管学生的纪律，管学生的仪容仪表，学生打架，不交作业，上课讲话等琐碎的工作。其因为琐碎而显得繁忙，既要忙着批评教育学生，又要联系家长做好家校沟通，还有各级部门布置的各项临时性的任务。面对这么多的复杂而琐碎的工作，教师要学会把琐碎的工作进行系统梳理，才能做到不慌不忙，轻松有效。

《学记》指出："杂施而不孙，则坏乱而不修。"作为一名思想政治教师，面对的课内外教育教学工作复杂多样，如果没有进行梳理，形成系统，各项工作就会杂乱无章、陷入混乱。捷克教育家J.A.夸美纽斯强调："秩序是把一切事物交给一切人们的教学艺术的主导原则。"思想政治课教师要把自己所面对的各项教育工作进行系统整理，梳理成这么几个系统：

第一，目标系统。整体规划自己思想政治教育教学工作的目标，围绕目标进行分类整合，分阶段开展，形成育人的工作计划，使育人工作有步骤地开展。

第二，实施系统。教师根据自己在育人工作中的不同角色，形成工作的实施系统，比如，班主任工作，对班级工作的管理包括班干部的培养和使用，班科任的协调，家校配合教育等环节，这个系统是为了整合学生、教师和家长等各方力量形成班级工作的合力，共同做好班级工作，是必须给予高度关注的系统。

第三，方法系统。思想政治教育教学工作需要讲究方法，方法要有效，讲究方法的系统是必不可少的。例如，对学校各项育人工作与思想政治课堂教学怎么进行有效整合，对班级后进生的教育要采用什么样的教育方法等，需要教师找到整合和教育的方法，才能有针对性地解决问题和强化教育教学工作。

学会将琐碎的工作系统地进行思考、整理统筹和实施开展，是思想政治教师面对复杂的工作局面，摆脱忙乱之道。有效工作是"生·长"之师专业化成长的基础工作。

（二）从被动走向主动

思想政治教育教学工作的实施经常会遇到一些被动的情况：一是随着时政变化，要及时将有关的内容与思想政治课教学进行整合；二是根据学生工作中出现的新问题，及时在思想政治教育教学工作中予以解决；三是学校或者上级临时增加的工作和任务，原来的教育教学工作计划被打乱，处于被动等。

思想政治学科的学科特点，决定了其教育教学活动的内容必须经常性地及时补充相关的时政内容，这是思想政治教育课教学理论联系实际的要求，也是保持思想政治课教育教学活力的源泉。对于这种变化，我们要变被动为主动，及时对时政要闻进行消化、补充，常态化地开展学生新闻播报的活动，并根据教育教学的进度和学习内容及时对时政内容进行整合，保持我们课堂教学的吸引力和实效性。

学生立场是思想政治教育教学工作的中心。要及时关注学生的变化，及时采取有效的措施，需要教师具有一定的预见性，在问题刚刚出现萌芽的时候，主动发现，主动解决。例如，学生在课堂教学中表现出的异常情绪，教师要及时发现，敏锐捕捉，如教师偶然间发现学生叫另外的同学绰号时，就要意识到学生之间可能存在互相取"绰号"的问题，就要及时教育学生给人取"绰号"是一种对人不尊重的表现，是一种伤害他人人格的表现，使问题及时得到解决。只有在问题刚刚出现萌芽的时候，及时发现、及时解决，工作才会主动；如果等到问题蔓延开来才来处理，工作就陷入被动了。对于问题的预见性需要教师对学生的情况要有充分的了解，要有深刻的洞察力，善于抓"苗头"。

工作计划被突发的额外工作安排打乱，不会经常遇到，而一旦遇到，教师不懂得将被动化为主动，把这样的任务看成是负担，而随随便便应付了事，就会失去教育的机会。比如在运动会召开之前的几周因为各种原因，临时决定要增加广播操比赛，需要抓紧对学生进行训练；这样的事往往比较突然，不在原来的工作计划之中，时间又短，这就需要教师懂得及时将这些突发的任务纳入自己的工作体系中和建设目标中来，化被动为主动。比如，通过广播操比赛之前的训练达到进行纪律教育，培养学生的集体荣誉感的目的等，让一些原本没在自己计划中的临时工作成为丰富思想政治教育教学工作的新资源。

(三)从感性走向理性

"生·长"教学主张倡导的初中思想政治教育教学要根据初中学生的思维发展特点,从感性到理性,从学生的生活、身边的案例来营造教学和学习的情境,引导学生学习和认识抽象的思想政治教学内容,进而实现提升学生生命价值的意义。有关这方面的内容,分散在前面几章中做了专题论述,这里不再赘述。这里重点从学生工作的角度来进行分析,因为学生工作是广大思想政治教师除思想政治课教学工作之外的一项重要工作。

有人说:感性是因,理性是果。对学生工作来说确实如此,没有从事学生工作的感性认识是谈不上专业化的,但仅仅停留在感性认识上当然也谈不上专业化,只有将学生工作中的感性认识提升到理性上来,用理性来解决学生工作中存在的问题才是向学生专业化发展迈出的关键一步。

做学生工作的时间久了,就会积累很多学生工作的经验,经验往往可以帮我们处理很多问题,但仅凭经验是不够的,经验有时也会误导我们,影响事情的顺利解决。对于不同年代背景下的学生,凭经验往往会让我们不自觉地犯错。班上的学生小A,因为家庭贫困,学习上不思上进,从感性的经验认识来说,有的教师往往会从"穷人的孩子早当家"这样的经验去寻找解决问题之道,但往往效果不佳,忽略了因时代不同,孩子对待贫困的不同态度,解决问题更多是要从心理解决的整体策略上去考虑。

理性的思考,理性的解决问题之道,不仅需要感性的认识,还需要理论的指导,需要我们能熟练地掌握教育心理学的原理,运用有关的知识对学生工作进行理性的思考和理性的处理。只有走向理性,学生工作才能更科学、更有效。一个熟练掌握"破窗效应"原理的教师,他会随时关注班级地板上的任何一张废纸张的出现,关注学生中任何一个细微的变化,及时地抓住各种苗头,敏锐地抓住每一次教育的机会。他中途接手一个问题班级,也懂得利用"破窗效应"原理的另一面原理,来迅速地把学生吸引到他的身边,树立起自己在学生中的威信,从而打开局面,改变班级的面貌。

从感性走向理性能使学生工作具备活的智慧,是学生专业成长的药草;死的经验和知识有如毒酒,先醉了你,再毒害你。感性的经验只能成为我们的一个参照,不能照搬。

参考文献

[1]马克思,恩格斯.马克思恩格斯选集(第一卷)[M].北京:人民出版社,1972(05):30.

[2]马克思,恩格斯.马克思恩格斯全集(第四卷)[M].北京:人民出版社,1958(08):149.

[3]恩格斯.反杜林论[M].北京:人民出版社,1972:283.

[4]列宁.列宁全集:第55卷[M].北京:人民出版社,1955:215.

[5]列宁.哲学笔记[M].北京:人民出版社,1974:229.

[6]毛泽东.人的正确思想是从哪里来的[M]//毛泽东著作选读(下).北京:人民出版社,1986:839-840.

[7]毛泽东.反对本本主义[M]//毛泽东著作选读(上).北京:人民出版社,1986:48.

[8]毛泽东.整顿党的作风[M]//毛泽东著作选读(下).北京:人民出版社,1986:491.

[9]习近平.习近平谈治国理政(第三卷)[M].北京:外文出版社,2020:07.

[10]恩斯特·卡西尔.人论[M].上海:上海译文出版社,2013:381.

[11]卢梭.爱弥儿——论教育[M].李平沤,译.北京:人民教育出版社,1985:66.

[12]约翰·杜威.民主主义与教育[M].王承绪,译.北京:人民教育出版社,2001:49.

[13]怀特海.教育的目的[M].徐汝舟,译.北京:生活·读书·新知三联书店,2014:03.

[14]陶行知.生活即教育[M]//陶行知文集.南京:江苏人民出版社,1981:17.

[15]陶行知.教学做合一讨论集[M].上海:上海儿童书局,1943:33-34.

[16]朱智贤.心理学大辞典[M].北京:北京师范大学出版社,1989.

[17]吴季松.知识经济[M].北京:北京科学技术出版社,1999:3.

[18]杨伟东.基础教育教学课题研究十八问(方法篇)[M].郑州:大象出版社,2017:108.

[19]潘慧玲.教育研究的取径:概念与应用[M].上海:华东师范大学出版社,2005:307.

[20]陈向明.质的研究方法与社会科学研究[M].北京:教育科学出版社,2000:403.

[21]凌宗伟.教学主张是什么[J].教师教育论坛,2019(02):83.

[22]孟晓东.用生长定义教育——孟晓东与语文生长课堂[M].南京:江苏凤凰教育出版社,2016:63-123.

[23]李行健.现代汉语规范词典[M].北京:外语教学与研究出版社,语文出版社,2004:1168.

[24]夏征农,陈至立.辞海(第六版普及版)[M].上海:上海辞书出版社,2010:3501.

[25]杨伯峻.论语译注[M].北京:中华书局,2012:86.

[26]胡兴松.思想政治课教学艺术论[M].广州:广东教育出版社,2000.

[27]杨兆山.教育学——培养人的科学与艺术[M].长春:东北师范大学出版社,2006:337.

[28]叶澜.新基础教育论:关于当代中国学校变革的探究与认识[M].北京:教育科学出版社,2006:220.

[29]全国12所重点师范大学编.教育学基础[M].北京:教育科学出版社,2002:183.

[30]广东省教学教材研究室.《思想品德》七年级(上册)教师教学用书[M].广州:广东教育出版社,2007.

[31]中华人民共和国教育部.义务教育道德与法治课程标准(2019年版)[M].北京:北京师范大学出版社,2019:1.

[32]中华人民共和国教育部.普通高中思想政治课程标准(2017年版2020年修订)[M].北京:人民教育出版社,2020:01.

[33]郑志生.区域推进学校特色发展的行动研究[D].长春:东北师范大学,2018(09):14.

[34]施建英.小学"生长德育"的实践研究[D].上海:上海师范大学,

2017.

[35]郭上达.生命化教育实践探索[D].湖北:华中师范大学,2012.

[36]方展画,弓静."教"与"学":学校教育的博弈与回归[J].教育研究,2018(10):93.

[37]崔允漷.聚焦立德树人,凝练学科核心素养[J].教育家.2018(03):26.

[38]郭华.深度学习及其意义[J].课程·教材·教法,2016(11):25.

[39]孙敏.构建"品德生长"的生态课堂——教育的本义及初中思想品德教学的追求[J].中学教学参考(文综),2011(03):25.

[40]白芸.践行生长教育,奠基幸福人生——专访马驹桥镇中心小学校长邵学良[J].华夏教师,2018(01):04.

[41]陈书强.生长教育:通往美好生活的教育——江苏省徐州市云兴小学"小云娃"课程建设与探索[J].江苏教育,2018(10):63.

[42]刘合田.基于生长教育理念的课程建设[J].幼教365·管理,2018(06):94.

[43]文俊.循"生长"课堂之道 塑"三一三"教学之型[J].江苏教育,2018(06):63-64.

[44]赵莉.基于"生长教育"视角下的阅读课程建设[J].广西教育,2018(12):23.

[45]汪桂林.践行生长教育 构建幸福校园——浅谈小学校长的管理之道[J].甘肃教育,2019(16):54.

[46]刘芳.生长教育:通往美好生活的教育——江苏省徐州市云兴小学"小云娃"课程建设与探索[J].江苏教育,2018(10):63.

[47]刘怜."生长"课堂助成长——基于生长理念的高中政治特色课堂构建策略[J].科学咨询(教育科研版),2019(02):99.

[48]俞亚萍."生长美术"的教学主张与实践建构[J].江苏教育,2015(06):52.

[49]符克丽.试论教育"生长理论"视野下基于培养地理读图能力的课堂构建[J].科学咨询,2019(02):97.

[50]柯向妹.为语言生长而教——我的"生长语文"教学主张[J].中国教师,2015(10):33.

[51]卜以楼."生长数学":数学课堂教学的愿景[J].江苏教育,2017(02):33.

[52]谢京华.自主生长的"花儿"才灿烂——广东省中山市南头三鑫学校"生长德育"探索[J].中国德育,2015(20):69-70.

[53]李海联.特色"生长德育"的实践探索[J].教育观察,2018,7(08):59-61.

[54]潘月俊.情境德育:"指导"学生生长的道德教育[J].思想·理论·教育,2002(10):30-34.

[55]胡涛.德育的新模式:在关心中生长[J].科教导刊(上旬刊),2012(03):66-67.

[56]施建英.生长性活动:小学实施"生长德育"的基本路径[J].现代教学,2018(08):58-60.

[57]王玉琴.诗意渗透德育,为生长提供动力[J].四川教育,2011(Z2):27-28.

[58]熊波.巧用德育活素材 自然渗透促生长——如何在数学课堂中实施德育渗透[J].基础教育参考,2016(01):58-60.

[59]俞华.生命·生活·生长——谈中等职校"三生"德育课堂的构建[J].职业,2017(36):87-88.

[60]周文芳.建设能"生长"的德育课堂[J].青春岁月,2017(09):138.

[61]李宏亮.德育活动:学生德性生长的校园样态[J].江苏教育,2018(23):7-10.

[62]严青.基于儿童生长的德育管理[J].江苏教育,2018(39):21-23.

[63]精致的德育 生命的校园——广东东莞市南城阳光第五小学"三生"德育寻绎[J].中小学德育,2017(09):81.

[64]周萍.卢梭自然教育理论探析[J].教育科学,1994(04):60.

[65]张相乐.杜威"教育生长论"探新[J].高师函授学刊,1995(02):05.

[66]张文质.跨越边界——生命化教育的一些关键词[J].中国校外教育(理论版),2007(1):27-32.

[67]赵为民.注重学生能力的培养[J].政治教育,2000(05):23.

[68]游梅.走出教学误区 培养创新人才[J].思想政治课教学,2000(02):13.

[69]刘润泽.培养学生创造思维能力初探[J].思想政治课教学.2000(03):7.

[71]胡铁生."微课":区域教育信息资源发展的新趋势[J].电化教育研究,2011(10):61-65.

[72]王竹立.微课勿重走"课内整合"老路——对微课应用的再思考[J].远程教育杂志,2014(05):34-40.

[73]郑丽红.微课堂大智慧——微课在思想品德教学中的应用[J].福建教育,2015(1):5-6.

[74]骆奇.课堂整体教学模式的构建[J].思想政治课教学.2016(04):16.

[75]孔繁敏.历史教学中关于智慧课堂教学模式的思考和探索[J].山西电教.2019(09):27.

[76]朱国仁.第斯多惠的教学论思想[J].教育评论.1986(03):74.

[77]用新时代中国特色社会主义思想铸魂育人 贯彻党的教育方针 落实立德树人根本任务[N].人民日报,2019-03-19(001).

[78]坚持中国特色社会主义教育发展道路 培养德智体美劳全面发展的社会主义建设者和接班人[N].人民日报,2018-09-11(001).

[79]中办国办引发《意见》深化新时代学校思想政治理论课改革创新[N].人民日报,2018-08-15(001).

[80]习近平.顺应时代潮流 实现共同发展[N].人民日报,2018-07-26(001).

[81]中共中央国务院关于加强未成年人思想道德建设的若干意见[N].中国教育报,2004-02-26(001).

[82]郭涵.研究性学习挑战今日教师[N].中国教育报,2001-08-04(003).

后 记

莎士比亚在《暴风雨》中说："凡是过往，皆为序章。"我作为福建省"十三五"中学名师培养对象，有一项重要的任务就是要提炼自己的教学主张。教学主张的凝练不是一蹴而就的，需要一个实践—认识—再实践—再认识循环往复的认识过程。在最初的时候，教学主张的萌芽也许是教育感悟或者是行之有效的教育教学策略等，但随着教育教学工作实践和研究的丰富和深入，加上因为教育教学理论的学习，实现了理论与实践的双向互动，使教学主张的提炼成为可能。"教学主张不是一成不变的，随着研究的深化和拓展，主张本身也会不断发展、不断提升。"[1]我清楚地知道，我的教学主张即使现在已经有了相对比较清楚的表达和解读，但这远远不是终点，而是新的开始，随着研究实践的丰富、思考的深入，现在的教学主张还可能发生变化，在某种意义上看，是过去的实践和研究成就了我今天的教学主张，今天的教学主张又将开启接下来新的实践和思考。

我的思想政治教育教学主张是"生·长"。"生长"作为教育思想已经被广泛接受和应用。我认为，"生长"意味着我们必须关注教育者和受教育者的生命成长需要和生命意义，"生长"也就意味着成长的无限可能，我们自己和教育对象是处于"生长"的，教育教学因为有"生长"，显得欣欣向荣，令人鼓舞。我基于对"生长"的理论认识，从思想政治学科的特点，对"生长"中的"生"和"长"赋予了我的教学追求和解读，在原来的基础上生发出新的含义，形成了书中所述的认识。

教学主张是一个长期积淀、思考和凝练的过程。我的"生·长"教学主张是建立在我过去将近三十年从事思想政治教育教学的实践、研究和思考的基础上的，因此，本书的很多实践案例，以及在实践案例基础上的思考不

---

[1] 余文森.教学主张：打开专业成长的"天眼"[J].人民教育，2015(03)：16-21.

可避免地带有时代的印记,一些教学内容和引用的时事都是在所实践的那个阶段的教材内容和那时的社会所发生的,但为了真实记录和忠实于我的"生·长"教学主张发展的过程,我保持了案例和论述的本来面目,而且,我的主要教育教学基本上都在初中阶段,所呈现的案例和教学内容也几乎都是初中的内容,具有一定的局限性,但我经过认真思考后,认为这些案例和教学内容虽然发生了变化而且具有一定的学段局限,但其中的观点和实践方式在今天看来依然有现实的借鉴意义。另外,本书中的一部分案例和内容是曾经在一些报刊上发表的论文,在这里一并予以说明。

在过去将近三十年的思想政治教育教学工作过程中,我先后走过了厦门市大同中学、厦门市槟榔中学和厦门市思明区教师进修学校三所学校,虽然这个过程中,我走上了行政管理的岗位,担任了学校的中层干部、副校长、校长,但我的基本身份依然是政治教师或政治教研员,我依然在从事学科的教学或教学研究。因此,我的教学主张的发展离不开这三所学校的思想政治教学同行,借这个机会,我在这里要特别感谢厦门市大同中学的李岩老师、骆绿茵老师,厦门市槟榔中学的庄素宽老师、章晓燕老师和郑芳老师,思明区教师进修学校的政治学课教研员林秋娟老师,我的成长离不开大家的共同学习、研讨和研究,可以说他们也见证了我的成长,特别要感谢厦门市槟榔中学的庄素宽老师、章晓燕老师和郑芳老师,我的几个重要的课题研究都是她们陪着我一起开展、一起走过,虽然在厦门市槟榔中学任教的时间不是特别长,却是我专业成长最快的重要阶段;我也要感谢福建省普通教研室文科研究室的刘文川主任和政治教研员林顺华老师及厦门市教科院的潘世峰副院长和政治教研员王如新老师,他们给予我无私的指导和帮助,并为我的成长搭建了平台,使我的成长更茁壮。

感谢集美师专原党委书记、厦门城市学院原党委书记潘世平老师,在一个偶然的机会,我跟潘老师汇报了现在的工作学习情况,并邀请他为我的这部专著写序,他欣然答应,并对我的专著稿件进行了认真的审读,还邀请了厦门的课改专家、厦门市教育科学研究院原副院长、厦门城市学院副院长易化老师一起进行了审读,对我的书稿提出了宝贵的建议。他在序言中给了我很多的肯定和鼓励,并指出了努力的方向。老一辈的教育专家的敬业精神和认真的治学态度很值得我们这些后学好好学习。

感谢福建教育学院的林藩老师、黄丽萍老师和陈秀鸿老师,他们是我参加福建省"十三五"中学名师培养的导师,引领着我们学习、研究和思考。特别是林藩教授对我"生·长"教学主张的凝练提出,不厌其烦指导,用心引领,对本书写作框架、论述方式进行了反复的指导和讨论,在成书后还认真为我的书做了序。

客观地说,这个凝练是被动的,我作为福建省"十三五"中学名师培养对象而被要求,但感谢这一要求,因为如果没有这一要求,我对思想政治课教育教学的思考可能就不会这么深入。所以,也要特别感谢福建教育学院的领导和老师们,他们不仅为我们提供了这么好的培训条件,还为我们的学习、研究进行了精心的指导和无私帮助,邀请专家对我们的教学主张和专著的写作进行了论证和指导,并资助了我们专著的出版。

要感谢的人还有很多,感谢大家对我成长路上的宽容、帮助和指导,在此不再一一列出。

限于水平,书中肯定还有很多的错漏和不足,请大家多多指导,也多多包涵。虽然这一主张显得还那么幼稚,但终究是迈出了第一步。现在呈现在大家面前的这一主张随着将来实践、研究和思考的深入会有所发展,希望今天的幼稚是明天成熟的开始。

郑志生
2021 年 3 月 28 日